Gabrijela Mecky Zaragoza

Meine andere Welt

Mit Autismus leben

Vandenhoeck & Ruprecht

Bibliografische Information der Deutschen Nationalbibliothek

Die Deutsche Nationalbibliothek verzeichnet diese Publikation in der
Deutschen Nationalbibliografie; detaillierte bibliografische Daten sind
im Internet über http://dnb.d-nb.de abrufbar.

ISBN 978-3-525-40188-0
ISBN 978-3-647-40188-1 (E-Book)

Umschlagabbildung: yalayama/shutterstock.de

Abdruck des Gedichts auf Seite 5 mit freundlicher Genehmigung,
© bei Hans Kruppa, www.hans-kruppa.de

Jetzt

Jetzt geht es richtig los –
ich spüre es!
Ich lasse das Wunder
nicht mehr aus den Augen –
wohin es auch geht,
es geht meinen Weg.

Wir haben lange genug gewartet!

Jetzt werf ich die Zeit
aus dem Fenster,
jetzt mach ich mich auf
und laß mich zu.
Jetzt trau ich mich,
so verrückt zu werden,
wie ich bin.

Hans Kruppa

Inhalt

Chicago *oder* der verlorene Schuh

Denk ich an Chicago, denk ich an eine Flutkatastrophe ohne rettende Arche, sinnbildlich gesprochen, meine ich. Ich denk an Überschwemmungszustände, die mich erfassen und mitreißen, bis ich irgendwann nur noch kraftlos dahintreibe. Man verstehe mich nicht falsch: Eigentlich mochte ich die Stadt am Wasser auf Anhieb. Das hatte nicht nur damit zu tun, dass ich damals in einer kleinen Stadt in Massachusetts wohnte und mich nach dem Leben in einer Großstadt zurücksehnte. Die Stadt hatte vielmehr etwas Unfertiges und Ungezügeltes an sich, was mich anzog – dem anrüchigen Ruf, der ihr vorauseilte, machte sie schon im Zug *L* alle Ehre, als mir ein silberkettchenbehängter Rapper frech zuzwinkerte, bis ich dunkelrot anlief und wie hypnotisiert auf meinen MP3-Player starrte. Die Krise in Amerika lag noch in weiter Ferne, als ich zwischen Weihnachten und Silvester 2007 zur Jobmesse der *Modern Language Association* flog, nur in mir selbst kriselte es bereits beträchtlich. Stärker als im Vorjahr war meine Jobsuche in diesem Jahr grenzwertig angelegt. Nervlich war ich angekratzt: Ich hatte eine turbulente Zeit hinter mir, hatte innerhalb von zwölf Monaten in drei Ländern gelebt, an zwei Universitäten unterrichtet und meine ersten Monate als Sprachprogrammleiterin an der Universität von Massachusetts waren durchwachsen gewesen. Ich wollte das, was viele wollen, eine feste Stelle in den Staaten, aber was wäre wenn? – wenn ich sie nun tatsächlich bekäme? Viele Fragen gingen mir durch den Kopf. Dass sich meine Finger indes schon in den überheizten Hallen am Flughafen von Chicago wie kleine Eiszapfen anfühlten, die sich von mir losgesagt hatten, lag jedoch weniger an irgendwelchen Zukunftsszenarien in der Ferne als an den beängstigenden Gegenwarten direkt vor Ort, allen voran an der beginnenden Jobmesse. Begegnungen mit Menschen sind für mich schwierig; dies gilt umso mehr, wenn es sich um Begegnungen handelt, die neben intellektuellen Höchstleistungen auf Abruf ein hohes Maß an Inszenierungsgeschick erfordern. Genau das erwartete mich in Chicago in potenzierter Form. Nicht genug damit, dass die *MLA* zu den akademischen Massenveranstaltungen gehört, um die ich ansonsten lieber einen Bogen mache, an zwei Tagen wollte ich zudem sechs Vorstellungsgespräche mit fünf Universitäten aus Amerika meistern. Angesichts dünn gesäter Stellenausschreibungen im Fach deutsche Literaturwissenschaft war das ein Erfolg, keine Frage. Auf dem Papier sah bei mir alles gut aus, auch das Englisch war kein Hindernis mehr. Die Sache war nur die: Chicago bedeutete sechs Mal nett sein und klug tun, selbst bei dummen Fragen. Für mich war die Interviewreihe ein Härtetest, den ich, wie sich herausstellte, in dieser Weise nicht bestehen konnte. Andere hielten trotz der Belastungen ihren Kopf oben und tauschten sich lautstark bei *Starbucks* über ihre nächsten Karriereschritte aus. Ich hingegen kaufte dort allenfalls verstohlen einen Kaffee zum Mitnehmen, reagierte mit jeder Situation kopfloser und ging am Ende in der Flut der Gesichter, Gespräche und Geschehnisse unter. Heute weiß ich, warum. Heute weiß ich, dass es nicht nur Zufall war, dass das mit dem Schuh passierte. Es war die Suche nach dem Schuh, die alles in mir eskalieren ließ. Erst später begriff ich, dass der verlorene Schuh für einen Weg stand, den ich so nicht weitergehen konnte, ohne mich dabei zu verlieren.

Chicago hatte sich am Morgen des ersten Interviewtages in eine Schneewüste verwandelt. Der Schuh ging mir zwischen dem zweiten und dritten Interview verloren, am späten Mittag oder frühen Nachmittag, anders als im *Aschenputtel* drehte sich alles um den rechten.

Meine Schuhgeschichte, soviel ist sicher, hatte mit dem Märchen der Brüder Grimm nicht viel gemein. Um märchenhaften Assoziations-ketten vorzubeugen, beginne ich deshalb mit einer dreifachen Ver-neinung: Nein, es war kein Königssohn in die Schuhsache verwickelt, nein, es handelte sich nicht um ein goldenes Pantöffelchen, und nein, ich bin nach dem Schuhverlust nicht dünnsockig oder gar barfüßig durch die Straßen gelaufen. Alles war viel banaler: Er fiel mir einfach aus der Tasche. Ich war mit zwei Paar Schuhen zu den Interviews auf-gebrochen, die in unterschiedlichen Hotels in der Stadtmitte statt-fanden. Auf der Straße trug ich meine gefütterten Turnschuhe, in den Hotels meine schwarzledrigen Kostümschuhe mit dem Blumen-muster, die nach jedem Auftritt wieder in meiner Jumbotasche ver-schwanden. Sicherlich waren die Schneeberge nicht ganz schuldlos an dem Schuhdrama, hatten sie mich doch zu dieser gewöhnungsbe-dürftigen Schuhregelung verleitet. Letztlich ging es in Chicago aber um mehr als um das Chaos auf den Straßen: Es war die Kombination aus Überforderung und Unvorhergesehenem, die das Chaos in meinen Synapsen auslöste. Natürlich hatte ich meine Vorkehrungen für den kommenden Kraftakt getroffen und mich auf das getrimmt, was ich als »survival mode« bezeichne. Im Fall Chicagos gehörte dazu neben der genauen Planung der Anreise, was das Abzählen des Zuggeldes mit ein-schloss, und den üblichen Rationen an Müsliriegeln zur Vermeidung ver-hasster Frühstücksräume und unnötiger Restaurantbesuche vor allem die konsequente Abkapselung während des Aufenthaltes: Ich wusste, dass mich jeder zusätzliche Kontakt mit Kollegen überfordern würde. Die Crux war nun, dass diese Schutzmaßnahmen, die sich im Vorjahr in Philadelphia recht gut bewährt hatten, in Chicago nicht ausreichten. Dies lag nicht nur daran, dass mich in Chicago zahlenmäßig mehr Inter-views erwarteten; das Schuhdrama war vielmehr auf eigentümliche Weise mit den ersten Interviewdramen verknüpft. Das Interview am Morgen erwies sich als richtungsweisend für alle anderen. Zwischen dem Auswahlgrüppchen und mir schien es eine unsichtbare Trennungswand zu geben, alle Annäherungsversuche meinerseits liefen ins Leere. Ich kam mir fremd und fehl am Platz vor, die Gesichter sprachen nicht zu mir und die vielen Augen machten mich wahnsinnig: Nie standen sie still und immerzu blickten sie anders. Die Fragen verwirrten mich weniger als diese Blicke, zumal dann, wenn ich mich tatsächlich auf sie einließ, wenn ich sie hielt, aushielt – immer wieder verlor ich aus diesem Grund gedanklich den Faden. Erschöpft zog ich mich zwischen den Interviews in mein abgedunkeltes Hotelzimmer zurück, welches einige Straßen weiter lag, und stürzte mich auf meine Müsliriegel. Das Interview am Mittag lief nach außen hin etwas flüssiger, was mir einige Tage später eine Einladung auf den Campus einbrachte. Ansonsten war aber alles wie gehabt: An einem Konferenztisch saßen mir Menschen gegenüber, mit denen ich trotz einiger fachlicher Überschneidungen denkbar wenig anfangen konnte. Damals dachte ich, alle Jobkandidaten würden sich ähnlich fühlen. Über meine Forschungsthemen und Kursentwürfe konnte und wollte ich sprechen, aber das ganze Drumherum war mühsam und wirkte unecht. Warum sollte ich so tun, als könnte ich die Sterne vom Himmel holen? Es war nicht nur unglaublich anstrengend, so zu tun, als ob, es schien auch dauernd schiefzugehen. In Falten gelegte Stirnpartien verhießen nichts Gutes – oder irrte ich mich? Sichtlich angespannt saß ich nach den dreißig Minuten eine Etage tiefer in der Hotellobby und wechselte meine Schuhe aus. Meine Hände zitterten, als ich die Schuhe mit dem Blumenmuster in der Jumbotasche verstaute, die ich wie gewohnt nur locker zuklappte und mir schräg um Hals und Schulter hängte. In Turnschuhen trat ich ins Freie. Wunderbar klärend wirkte sie, die kalte Luft, endlich konnte ich wieder durchatmen. Aus Erfahrung wusste ich, dass es nur ein Mittel gab, um einen Geist in Aufruhr zu besänftigen: das Abtauchen. Ich entschied mich also für einen ausgiebigen Spaziergang und lief über eine Stunde durch die mittlerweile matschig verfärbte Winterwelt Chicagos, die Hände tief in den Manteltaschen vergraben, wie ich es am liebsten habe, ganz in mich und meine Welt versunken, und langsam wurde ich ruhiger. Rückblickend war das allerdings nur die Ruhe vor dem Sturm. Denn kaum hatte ich mein Hotelzimmer erreicht, um mich auf das Interview am späten Nachmittag vorzubereiten, kam der Schock, von dem ich mich in Chicago nicht mehr erholen würde. War es eine böse Vorahnung? Ich hatte noch Mantel und Schuhe an, als ich meine Tasche aufmachte – und nur einen Schuh erblickte! Wo zum Teufel war der andere? Panik kam auf. Ich legte den einen Schuh aufs Bett und kramte in der Tasche nervös nach dem anderen, kramte alles aus der Haupttasche heraus: Federmäppchen, Schnellhefter, Zahnputzset, Krimskrams. Danach gab es keinen Zweifel mehr, der zweite Schuh war weg. Warum hatte ich nichts bemerkt? In Windeseile entschied ich mich: Der rechte Schuh musste wieder her, und zwar sofort. Ich packte alles wieder ein, auch den linken Schuh, hängte mir die Tasche um, nahm die Türkarte und hastete aus dem Raum. Warum ich mich auf die Schuhjagd begab? Nun ja, ich liebte diese Schuhe, die ich zu Hause gleich in doppelter Ausführung besaß. Dazu kam, dass dieses Outfit seit Langem so und nicht anders geplant war und dass ein Plan nicht einfach nur ein Plan war, sondern Struktur und Stabilität, äußerlich wie innerlich. Ich spürte, wie ich abdrehte. Nicht jetzt, nicht hier, nicht so. Ich stürzte auf die Straße.

Ich glaube, ich ähnelte eher einer Verrückten als einer Verlorenen, als ich mit wilden Blicken kreuz und quer durch die Unterstadt jagte, um den einen kleinen Schuh zu finden, der irgendwo im Umkreis der Hotels liegen musste. Zumindest sahen mich die Portiers mit einer gehörigen Skepsis an, nachdem ich ergebnislos jeden Winkel in der Hotellobby abgesucht hatte, in der ich Stunden zuvor meine Schuhe gewechselt hatte. Von der Lobby aus ging es zurück auf die Straße. Ich weiß nicht, wie lange ich rannte – eine Stunde, zwei? Mein mangelhafter Orientierungssinn erschwerte den Suchspurt zusätzlich: Alle Straßen sahen gleich aus und schwindelig war es mir auch seit dem besagten Blick in die Tasche, mir kam es so vor, als würde ich mich endlos in Kreisen drehen. Als ich schon jede Hoffnung aufgegeben hatte und mich im Geiste mit salzbefleckten Turntretern in das bevorstehende Interview stapfen sah, fand ich ihn. Dass ich mich entschlossen hatte, die eine und nicht die andere Straße entlangzulaufen, war Zufall gewesen. Trotzdem fühlte ich mich an die schicksalhaften »Rucke di guck[s]« im *Aschenputtel* erinnert, als ich ihn plötzlich unweit von meinem Hotel an einer Kreuzung liegen sah, ein schwarzes Etwas im Matsch, von den Autofahrern misstrauisch beäugt und vorsorglich umfahren – wie stand es um meinen »Schuck«? »Stop! Stop!« Mit fuchtelnden Handbewegungen brachte ich die Autos zum Stehen und den Schuh in Sicherheit. Anders als im Märchen meiner Kindertage gab es in meiner Schuhgeschichte jedoch nur für den Schuh ein Happyend: Nachdem er im Bad des Hotelzimmers gewaschen und geföhnt worden war, sah er sehr viel unversehrter aus als ich, deren Haardutt sich in der Zwischenzeit aufgelöst hatte und zum Vorzeichen einer veränderten Gemütslage wurde. Dass ich die Blumenschuhe nun planmäßig tragen konnte, radierte das Schuhmalheur im Kopf nicht automatisch aus. Stattdessen passierte, was wohl passieren musste: Der Überlebensmodus hatte den Suchspurt nicht überlebt. Die Rennerei durch die Straßen von Chicago hatte mir den Rest gegeben und mich in einen problematischen Zustand katapultiert: innerlich konfus, äußerlich *hyper* – Letzteres sagte mir eine Professorin bei einem späteren Schnupperempfang mit einer Chicagoer Universität übrigens ungeniert auf den Kopf zu. Was ohnehin schwerfiel, fiel jetzt noch schwerer. Wie sollte ich in dieser Verfassung ein halbes Dutzend Menschen aufmerksam anblicken und dabei galant geistige Höhenflüge unternehmen? Die verbliebenen Interviews waren ein Fiasko: Ich redete entweder zu viel oder zu wenig und viel zu oft Unsinn. Hoffnungslos überrollt fühlte ich mich und konnte nicht mehr klar denken, selbst am nächsten Tag nicht. Ich hatte keine Ahnung, was mit mir los war, ich hatte keine Ahnung, dass ich gegen einen *overload* ankämpfte, ich hatte keine Ahnung, dass ich Autistin war. Hätte ich es gewusst, hätte ich womöglich rechtzeitig Schadensbegrenzung betreiben können. Und vielleicht hätte ich den Leuten von Harvard dann nicht nach einigen überdrehten

Respektbekundungen erzählt, dass ich meinen Schuh kurz zuvor aus dem Straßendreck gefischt hatte und dass der ausgeschriebene Job als Sprachprogrammleiterin im Grunde nichts für mich sei. Vielleicht wäre ich dann nicht bei dem erwähnten Empfang zur Alleinunterhalterin geworden, die sämtliche Smalltalkregeln außer Kraft setzt und pausenlos von biblischen Männermörderinnen redet. Und den Schuh? Den hätte ich aufgrund (nunmehr) verbesserter Sicherheitsvorkehrungen bei Zerstreuungszuständen vielleicht gar nicht erst verloren und wenn doch, dann hätte ich anders reagiert. Ich hätte den verflixten Schuh im Matsch liegen lassen und mich bei einer Tasse Tee auf ein Interview in Turnschuhen programmiert. Aber ich wusste es nicht und es sollte noch über ein Jahr vergehen, bis ich es endlich sah und sagte, das mit dem Autismus.

Diagnose als Diskurs

Wie beim o. g. Termin ausführlich besprochen, schildern Sie die klassischen Symptome eines Asperger-Syndroms. Diese bestehen in Schwierigkeiten der sozialen Wahrnehmung, Schwierigkeiten bei der sozialen Kommunikation, insbesondere in komplexen Gruppensituationen, in einem ausgeprägten Bedürfnis nach Ordnung, Struktur und Routinen sowie in Sonderbegabungen und speziellen Fähigkeiten. Auch die häufig begleitenden Eigenschaften wie Schwierigkeiten mit der Feinmotorik oder mit dem Blickkontakt werden von Ihnen in klassischer Form geschildert. Gleichzeitig ist es Ihnen in Ihrem bisherigen Leben unter dem Strich trotz der mit diesen Eigenschaften verbundenen Schwierigkeit immer gut gelungen, Ihr Leben insgesamt zufrieden stellend [sic] zu organisieren und vor allem an Ihren Stärken auszurichten. Dies gilt sowohl für den beruflichen als auch für den privaten und Beziehungsbereich. (Arztbrief)

Der Professor hatte nur eine Minute gebraucht. Ich konnte es kaum glauben. Damit kam seine E-Mail schneller an als manche automatische Abwesenheitsnotiz. Ich hatte meine Anfrage zur Autismussprechstunde im Universitätsklinikum Freiburg um 10.15 Uhr zentralmexikanischer Zeit abgeschickt, um 10.16 Uhr traf die Antwort ein, die noch dazu nett geschrieben war. Ich war beeindruckt. Natürlich war es Zufall, dass der Professor gerade zu dem Zeitpunkt an seinem Rechner saß und meine E-Mail las und zurückschrieb – aber dieser Zufall hatte dennoch Einfluss darauf, dass ich mich dort tatsächlich anmeldete, um meine Autismusthese überprüfen zu lassen. Sicher – ich bin eigentlich nicht wie Rain Man alias Raymond Babbitt. Überspitzt heißt das: Ich wippe nur hin und her, wenn die deutsche Fußballnationalmannschaft spielt; Unterhosen von *Kmart* finde ich so ungenießbar, dass ich sie originalverpackt in die Altkleidersammlung geben würde; ich lerne keine Telefonbücher auswendig und zähle weder Zahnstocher auf dem Boden noch Fischstäbchen auf dem Teller noch Karten in Las Vegas. Mit mir ist es nur so: Die Bluse, die ich jetzt gerade trage, also beim Schreiben dieses Absatzes, habe ich noch zwölf Mal im Schrank hängen, allerdings in vier verschiedenen Farben. Sie ist schön und schlicht und war dazu recht preiswert, möchte ich zu meiner Verteidigung anführen, umgerechnet acht Euro das Stück, aber um Geld geht es mir ohnehin nicht. Gewisse Hortzwänge mögen mit im Spiel sein, das gebe ich zu, Konsumsüchte weniger, geht es mir doch in erster Linie darum, das Problem »Bluse« möglichst effizient und elegant zu lösen. Das bedeutet: Ohne mir die Hände wund zu waschen, kann ich so und nur so an jedem Tag der Woche das gleiche Modell tragen, wobei drei Exemplare für besondere Anlässe und drei für zukünftige reserviert bleiben. Diese Bluse ist ein Extremfall und bleibt als solcher ein Einzelfall. Ein Blick in den Schrank verrät jedoch, dass ich zudem Hosen, Röcke und Oberteile zweifach, dreifach, vierfach oder fünffach habe, die handgemachte Ledertasche mit dem Blumenmuster von einem mexikanischen Straßenkünstler sogar sechsfach, allerdings wiederum in drei Größen und variierenden Farbnuancen. Auch in anderen Lebensbereichen bin ich eine unverbesserliche Wiederholungstäterin. Ich sehe am liebsten hundert Mal den gleichen Film, esse am liebsten immer am gleichen Ort und immer die gleichen Mahlzeiten am Tag, wobei es jedes Wochenende zur Abwechslung fünf kleine Vollkornpfannkuchen zum Frühstück gibt, und wenn ich zurückblicke, dann habe ich mein Leben bisher ausschließlich mit drei

Dingen verbringen wollen: Bahnen schwimmen, Literaturwelten entdecken, Wissenschaften betreiben. Bin ich doch ein bisschen wie Rain Man? Ja und nein. Um es an dieser Stelle kurz zu machen: Ich sehe mehr von Rain Man in mir, als mir lieb ist, und bin vor drei Jahren im Sommer nach Freiburg gefahren, um zu klären, wie viel Autismus in mir steckt. Wenn ich ehrlich bin, hatte ich in dieser Autismussprechstunde an der Uniklinik Freiburg aufgrund meines souveränen Auftretens eine ähnliche Ad-hoc-Diagnose erwartet, wie ich sie neun Jahre zuvor nach meinem Magisterexamen in einer Einwegsprechstunde in der psychologischen Beratungsstelle der Uni Mannheim sinngemäß erhalten hatte: »Sie sind doch ein tolles Mädchen. Was sind Sie – obsessiv? Seien Sie froh. Was haben Sie – Routinen? Hat jeder. Ist doch alles kein Problem!« Ich habe also kein Problem, weil ich meine Obsessionen erfolgreich zu Studienfächern machen konnte und in alltäglichen Belangen zurechtkomme. Und weil es mir im Gegensatz zu Rain Man egal ist, ob Ahornsirup und Co. schon vor den Pfannkuchen auf dem Tisch stehen. Aber warum spüre ich dann diese Verlorenheit, wenn es samstags plötzlich keine Pfannkuchen gibt oder wenn mein Stammplatz in meinem Stammlokal besetzt ist oder wenn ich unerwartet andere Straßen gehen muss? Warum reagiere ich regelmäßig über, wenn man meine Pläne durchkreuzt oder mich am Abtauchen in meine Welt hindert? Warum macht sich ein diffuses Gefühl von Unordnung in mir breit, wenn mein Mann auf der »falschen« Seite von mir läuft, schläft, sitzt, isst? Der Professor in Freiburg sah genau das, und nur das, nicht in der allerersten Minute, aber doch recht bald im Verlauf unseres zweistündigen Gesprächs. Der sonstige Befund war demnach auch unspektakulär: voll orientiert, formales Denken geordnet, gute Stimmung und Konzentration, keine Hypermotorik, keine Halluzinationen, keine Ich-Störungen, kein paranoides Erleben, keine Anhedonie, keine Todesgedanken, nur gelegentliche Stimmungsschwankungen und Wutanfälle, wenn Abläufe gestört werden. Die Diagnose lautete kurz und bündig: Asperger-Syndrom. Im

Kern bedeutet das, dass meine Wahrnehmungs- und Informationsver-
arbeitung im Gehirn anders funktioniert.

Reaktionstypen

Durchsuche ich mein E-Mail-Programm danach, wie mein näheres
Umfeld auf meine Mitteilung reagiert hat, seit Freiburg eine nunmehr
diagnostizierte Asperger-Autistin zu sein, ein sogenannter Aspie, so
zeichnen sich, geht man die Sache mit etwas Humor an, vier Reaktions-
typen ab, welche sich abermals in jeweils zwei Untertypen unterteilen
lassen. Der erste Typus, der »Nichtssager«, lässt sich am schnellsten
abhandeln: Er hüllt sich seit der Infomail in Schweigen. Anders als der
»Wegläufer«, der diese Info zum – willkommenen? – Anlass nimmt,
um sich aus dem Staub zu machen, hält der »Verdränger« zwar weiterhin den Kontakt aufrecht, klammert das Thema aber mit erstaunlicher
Hartnäckigkeit aus, zumindest in meiner Gegenwart. Ganz anders
verhält es sich mit dem zweiten Typus, dem »Jasager«, der hier im
positiven Sinne als Bejaher verstanden wird. Der Jasager lässt sich
auf die Diagnose ein, wobei es allerdings, abhängig vom Untertypus,
zu erheblichen zeitlichen Verschiebungen kommen kann. Ähnlich
wie bei seinen elektrischen Namensvettern gehört es zum Selbstver-
ständnis des menschlichen »Schnellschalters«, in seinen Positionen
flexibel zu bleiben und Verbindungen je nach Bedarf zu öffnen oder
zu schließen. Das gilt auch für gedankliche Prozesse. Beim Schnell-
schalter ist es neben seinem gesunden Menschenverstand vor allem
die veränderte Beweislage, die für einen raschen Perspektivenwechsel
sorgt. Kaum liegt das ärztliche Attest vor, schaltet er auch schon um:
Mit dem »Wow« erfolgt der Klick, der die alte Info aus- und die neue
einschaltet – und den Aspie von nun an einfach Aspie sein lässt. Mit
einem Klick ist es für den »Texttüftler« nicht getan: Er will wissen, was
diese Autismussache im Innersten zusammenhält. Seine Seele würde

er für dieses Wissen zwar nicht verkaufen – ein »TextTÜVtler« ist nicht käuflich! –, verschreibt sich aber dennoch mit Haut und Haaren einem Diagnoseprüfungsverfahren, das Texte und Vertextete gleichermaßen einbezieht. Er fordert zusätzliches Infomaterial an, zerlegt die Diagnose feinsäuberlich, untersucht ihre Bestandteile im Hinblick auf das fragliche Subjekt und baut danach alles wieder nach Gusto zusammen. Sein Abschlussbericht trägt ein Gütesiegel – und die Betroffene liest ihn und schweigt, wird sie durch den Texttüftler doch immerhin zum doppelt geprüften Aspie. Spätestens hier ahnt man jedoch, dass die Übergänge zwischen den pflegeleichten Textern und den pflegeintensiven Zutextern fließend sind. Problematisch beim dritten Typus, dem »Vielsager«, sind die ungefilterten Infoströme, die von ihm ausgehen und die mit schöner Regelmäßigkeit seinen Standpunkt unterspülen, manchmal sogar wegspülen. Unter den Vielsagern ist der »Allesverlinker« noch am nützlichsten, versorgt er einen doch unermüdlich per E-Mail mit den neusten Links zum Thema Autismus. Wenn man es schafft, die Linkschwemme durch die Löschtaste einzudämmen, bevor man in den Infofluten versinkt, kann man mit seiner Hilfe und ohne großen Zeitaufwand immer auf dem aktuellen Forschungsstand sein. Schwieriger ist es mit dem »Schwarzseher«, der die sorgfältig aufbereitete Infomail nur kurz anknabbert und dann derart hastig verschlingt, dass er sich an ihr verschluckt. Vermischt mit all den anderen unzerkleinerten Inhalten geht jegliche Verhältnismäßigkeit verloren und sie verdichtet sich zu einem unverdaulichen Riesenbrocken, der ihm in der Folge dermaßen schwer im Magen liegt, dass er im World Wide Web wehklagend nach Autismusheilern sucht. Das wäre alles nicht schlimm, wenn er seine Hilfeschreie nicht ständig in Kopie versenden würde. Der Schwarzseher fühlt nur eines: »Oh my God – this is serious!« Genau – das ist es, aber nicht unbedingt so, wie Menschen mit Infoschluckbeschwerden denken. Obwohl der Schwarzseher anstrengend ist und man sich zu oft vor ihm rechtfertigen muss, warum man noch keine Drittmeinung in Kanada eingeholt hat oder nicht mit Delfinen in Florida schwimmen gehen will, ist er doch langfristig leichter zu handhaben als der vierte und letzte Typus: der »Neinsager«. Bei ihm steht man auf verlorenem Posten. Er schreibt »nein« und Punkt. Er schreibt »völliger Quatsch« und schickt unterstützend drei Ausrufezeichen hinterher. Er bleibt beim Nein, ganz egal, was man zum Thema sagt. Autisten? Das sind die Regenmänner dieser Welt, das bist nicht Du! Sowohl der »Rundumkritiker« als auch der »Zurechtbieger« stellen angesichts dieser, Zitat, »depperten Diagnostikerfantasien« sämtliche Bildungseinrichtungen in Freiburg und Umgebung in Frage. Wer dieser eine Professor war, will man auf keinen Fall wissen. Umso verwunderlicher ist es vor diesem Hintergrund, dass sich der kritischste aller Rundumkritiker auf die Anfrage, ob man einer späteren Videoaufzeichnung der Sprechstunde zu Lehrzwecken zustimmen solle, dann aber doch zu einem erstaunlich pragmatischen Karriereetipp hinreißen lässt: »Du solltest dich für solche Tiergartenschauen nicht hergeben. Wenigstens nicht, solange dir nicht versprochen wird, dich dafür zeitlebens in einem Käfig schön zu halten und durchzufüttern ...« Von solchen futterfixierten Kompromissen will der idealistische Zurechtbieger nichts wissen, nicht mal im Scherz. Von der Sorge um sein Weltbild angetrieben, widmet er sich mit der üblichen Liebe zum Detail dem, was hinter den angeblichen Problemen dieses Aspies zu stecken scheint. Peu à peu weist er nach, dass die in Freiburg attestierte Autismusvariante in Wirklichkeit für etwas anderes steht, nämlich für das wahre Selbst, für den sehr ausgeprägten Stil, für die sehr ausgeprägten Geschmacksnerven, vor allem was die Mitmenschen und die Mahlzeiten angeht. In einer E-Mail endet das wie folgt: »bref: du hast eine sehr starke Persönlichkeit und andere nehmen das vielleicht als Ignoranz oder Hinwegrollen über andere oder eben als Autismus wahr.« Ob der Zurechtbieger bemerkt hat, dass der Autismus auch in seinem Fazit weiter als eine Lesart meines Eigenschaftsprofils angeführt wird? Wie dem auch sei – sieht man vom Verhalten der Wegläufer ab, das ich menschlich inakzeptabel finde, habe ich für sämtliche

Reaktionen Verständnis. Zwar sind mir die Jasager die liebsten, weil sie mich nehmen, wie ich bin, und die Diagnose als das sehen, was sie ist, eine Erklärung. Ich verstehe aber auch die Vielsager und die Nein-sager, die mich seit Jahren kennen und mögen, manche sogar lieben, und die nicht willens sind, mich mit dem Label einer »Entwicklungs-gestörten« zu versehen. Fakt ist aber: Ich bin autistisch, aspergisch-autistisch. Fakt ist auch: Man merkt es mir nur an, wenn ich es zulasse.

Gedankengänge

Für Laien ist die Frage, worin die Krankheit Autismus besteht, seit dreiundzwanzig Jahren geklärt. Damals kam der Film »Rain Man« in die Kinos [...]. Seitdem ist das Bild, das große Teile der Bevölkerung vor Augen haben, wenn sie von Autismus hören, weitgehend festgelegt: Autisten sind demnach skurrile und toll-patschige Menschen, die mit einzelnen, großen Geistesgaben gesegnet sind. Ansonsten sind sie nicht in der Lage, selbständig zu leben, leicht erregbar und bisweilen stur und zwanghaft – dabei aber durchaus liebenswert. (Hucklenbroich)

Was Christina Hucklenbroich in ihrem *FAZ*-Artikel vom 21. März 2011 zur *Realität nach »Rain Man«* über das »Mainstream-Wissen« zum Autismus schreibt, traf lange Zeit auch auf mich zu. Von Autismus wusste ich bis zum Februar 2009 herzlich wenig. Mein gesamtes Wissen zum Thema speiste sich bis dahin aus drei Quellen: dem erwähnten Film *Rain Man,* den ich erstmalig in den neunziger Jahren im Fern-sehen gesehen haben musste, einigen Meldungen unbekannter Her-kunft über die Kleidungsticks von Albert Einstein, auf die ich mich zu Unizeiten häufiger im Scherz berief, wenn man mich wegen meiner immergleichen Kleidungskombis und Haardutts aufzog, und einem Gespräch mit einer Kollegin der Uni Toronto, die mir an einem

Abend im Januar 2007 zwischen Tür und Angel von ihrer Vermutung erzählt hatte, möglicherweise Autistin zu sein. Natürlich bemerkte ich gewisse Gemeinsamkeiten, die sich aus dem skizzierten Filmwissen speisten: das Skurrile, das Tollpatschige, das Vergeistigte, das Sture, leicht Erregbare, Zwanghafte und, ja, auch das durchaus Liebenswerte. Doch zu keinem Zeitpunkt hätte ich, die ich selbständig bestens zurechtkomme, auch nur vermutet, ich könnte selbst auf dem Autismusspektrum angesiedelt sein, irgendwo an dem Ende, an dem die »Normalität« beginnt. Um es gleich vorwegzunehmen: Ich bin eine Anhängerin des Spektrumsgedankens, wie er sich wahrscheinlich auch im *DSM*-V durchsetzen wird; das Spektrum gibt mir die Spielräume, die ich brauche, um mich zu verorten. In diesem Zusammenhang spricht übrigens auch der Buchtitel für sich: Ich spreche lieber von Autismus als von Asperger. Obwohl ich die Begriffe »Autismus« und »Asperger« in diesem Selbstversuch synonym verwende, bezeichne ich mich im täglichen Leben häufiger als Autistin denn als Aspie oder als Frau mit Asperger. Das liegt nicht nur an den Parallelen, die ich zwischen mir und Rain Man sehe, oder an der größeren Bekanntheit des Begriffs. Autismus kommt von griechisch *autós* – selbst – und verweist damit sprachlich auf die Kernsymptomatik und nicht auf einen Arzt aus Wien. Zwar wird der Asperger-Autismus in der Medienlandschaft noch heute weniger als Ausdruck neurologischer Vielfalt denn als behandlungsbedürftige Erkrankung angesehen, wenn auch oft als die von Genies. Gleichzeitig finden sich jedoch überall Hinweise, dass die herkömmlichen Images von Autismus durch die Realitäten nach *Rain Man* an Einfluss verlieren, eben weil laut oben genanntem Artikel »die Diagnose Autismus sich nicht [mehr nur] auf einzelne, klar umrissene Störungsbilder beziehen lässt, sondern für ein breites Spektrum verwendet [wird]«. Was wohl gewesen wäre, wenn ich früher von einem solchen Autismusspektrum erfahren hätte? Diese Frage ist nicht ganz so spekulativ, wie sie scheint, wenn man sich ihr aus der Gegenwart anzunähern versucht.

Was also bedeutet diese Diagnose für mich? Wichtig ist: Ich weise dem Freiburger Professor zufolge die klassischen Symptome eines Asperger-Syndroms auf. Wichtig ist auch: Der Diagnose haftet in meinem Fall kein Krankheitsgeruch an – sie ist vielmehr Erklärungsmodell, Entscheidungshilfe und Schutzmantel in einem. Erstens: Die Diagnose wirkt klärend. Sie stellt das erste und einzige funktionierende Modell bereit, mit dem alle Aspekte meines Andersseins systematisch erfasst und erklärt werden können, was wiederum seit Freiburg wichtige Prozesse der Verständigung in Gang gesetzt hat, denn das, was erklärbar wird, wird verstehbar, und das, was verstehbar wird, wird gegebenenfalls auch verzeihbar – für einen selbst und für andere. Zweitens: Die Diagnose wirkt entscheidungsbildend. Zu denken, dass man anders ist, ist eine Sache – es von einem Mediziner bestätigt zu wissen, ist eine andere. Bei anstehenden Entscheidungen frage ich mich nun gezielt, ob die jeweiligen Folgewirkungen mit meinen Wesensmerkmalen vereinbar sind oder ob sie über kurz oder lang zu starke Anpassungsleistungen erfordern, die sich in der Vergangenheit allzu oft als gefürchtete Energieräuber entpuppt haben. Die Diagnose gibt Raum und Rückhalt, um gezielter eigene Wege zu gehen; das diagnostizierte Eigenschaftsbündel fungiert dabei als ein Leitfaden. Drittens: Die Diagnose wirkt schützend. Mit ihr ist es ein bisschen wie mit einem wetterfesten Mantel: Man kann sich darin einhüllen und notfalls auch verstecken, wenn es im rauen Klima des täglichen Vielerleis unerträglich wird. Konkret heißt das: Ich gehe seit Freiburg bewusster mit meinen Stärken und Schwächen um, was mir nicht nur hilft, schwierige Situationen zu meistern, sondern ihnen auch vorzubeugen. Wäre es somit gut gewesen, die Diagnose früher zu erhalten? Wenn ich vor diesem Hintergrund mein Leben Revue passieren lasse, dann denke ich, dass eine Diagnose im Kindes- oder Jugendalter in allen Lebensbereichen nur Vorteile gebracht hätte. Ich meine, wie erklärt man es seinen Eltern, dass man das stundenlange Nachdenken über eine Koransure allen geplanten Familienaktivitäten vorzieht oder dass ein harmloses Mittagessen durch Blickzwänge und Tischgespräche leicht zur Strapaze wird? Wie erklärt man einem Lehrer, dass man sich während der Klausur nicht konzentrieren kann, wenn das Licht zu hell ist oder eine Mitschülerin zehn Tischreihen weiter einen Apfel isst? Wie erklärt man einer guten Freundin, dass man sie höchstens alle paar Monate mal treffen will, oder seinem Mann, dass das Wort »Fiesta« aus dem hauseigenen Wortschatz gestrichen werden sollte und dass die Highlights des Abendprogramms wochenlang daraus bestehen können, heiße Schokoladengebräue ohne Zucker zu trinken und Filme zu sehen, die man/n bereits im Schlaf nachgähnen kann? In anderen Worten: Es wäre gut gewesen, ich gebe aber zu, dass es einer Enddreißigerin wahrscheinlich leichter fällt als einer Heranwachsenden, sich selbstbewusst als Autistin zu outen, zumal ein akademischer Werdegang noch zusätzlich einen Schutzwall bildet, an dem Verdächtigungen vielerlei Art abprallen. Wäre es in meinem Leben anders gekommen, wenn ich es eher erfahren hätte? Wenn ich von der Postdoc-Phase absehe, in der es aufgrund der fehlenden universitären Rahmenbedingungen zu lebenstechnischen Turbulenzen kam, dann glaube ich nicht, dass mein Leben einen anderen Verlauf genommen hätte, zumindest nicht, was grundlegende Stationen und Beziehungen betrifft. Vielmehr denke ich, dass eine frühzeitige Diagnose mir und anderen in unzähligen Situationen das Leben leichter gemacht hätte. Und vielleicht hätte es mir auch diesen einen Freitag im Februar erspart, an dem mein inoffizielles Leben als Autistin begann. Und vielleicht wäre das Buch von Octavio Paz dann heil geblieben.

Nachtspektakel

Es war eine Eingebung zu mitternächtlicher Stunde, die mein Leben veränderte. Der Auslöser der Eingebung war denkbar unangenehm – eine Panikattacke. Der Auslöser der Panikattacke wiederum war ein geplantes Mittagessen mit Bekannten meines Mannes am nächsten Tag. Ich war nach meinem Jahr in Massachusetts wieder nach Mexiko-Stadt gezogen, wo ich zuvor bereits mit meinem mexikanischen Mann gelebt hatte. Nach wiederholten Anfragen von Seiten unserer Bekannten hatte er dieses Essen am Nachmittag vom Büro aus arrangiert. Es kam nicht oft vor, dass ich überhaupt einwilligte, jemanden zu treffen, aber wir lebten damals seit einigen Monaten in einer Wohnung, die eben diesen Bekannten gehörte, und ich fühlte mich verpflichtet, endlich einmal zuzusagen, was nichts daran änderte, dass das kommende Programm zu viert in mir ein gärendes Unbehagen auslöste. Obwohl ich diese Bekannten mochte, fand ich sie, wie die meisten Menschen, zu anstrengend, um mit ihnen freiwillig den Samstagmittag zu verbringen. Panikattacken aufgrund sozialer Anlässe – allen voran Grillpartys, Pärchenessen und Familienfeiern – kommen bei mir häufiger vor, wenn auch nicht in dem Ausmaß wie in dieser Nacht im Februar. Wir waren nach einem langen Filmabend zu Bett gegangen. Ich musste schon leicht eingenickt sein, als ich plötzlich spürte, wie mich die Panik überfiel. Dieses Mal lag es nicht an den Nachbarn von oben, die für ihre Tequilaorgien bis morgens um fünf bekannt waren – im Haus war es ruhig. Erst blieb ich still liegen und sprach mir gut zu, wartete ab, aber mein Herz raste und irgendwann half nichts mehr. Ich stand auf und setzte mich auf die Wohnzimmercouch, die übliche Selbstbemeisterung ankurbelnd, doch die Wirkung des beschwörenden Zuredens ging in dieser Nacht gegen null und meine Gedanken drehten sich im Kreis: »Ich kann das nicht mehr, ich will das nicht mehr, ich kann das nicht mehr ...« So ging das weiter und mit der Panik kam die Wut. Ich stand auf, streifte rastlos umher, setzte mich wieder, stand auf, streifte von der Couch zum Tisch, vom Tisch zur Couch und zurück. Als ich die Anspannung nicht mehr aushielt, machte ich einem meiner Spitznamen alle Ehre: Nachdem ich mehrmals wie ein Rumpelstilzchen mit dem Fuß aufgestampft war (und es nichts genützt hatte), nahm ich ein Buch, das friedlich auf einem kleinen Stapel mit Notizen auf dem Tisch gelegen hatte, und schmetterte es mit einiger Wucht auf den Boden. Das arme Buch: Obwohl es die erste Attacke dieser Art in seinem jungen Leben war, zerbrach es prompt in drei Teile. Zwei Teile schlitterten über die türkisfarbenen Fliesen, ein Teil landete links unter dem Tisch, ein anderer rechts in der Ecke, der mittige lag direkt vor mir, an ihm klebte der Einband fest. War es bloßer Zufall, dass es sich dabei um das essayistische Meisterwerk *El laberinto de la soledad* handelte? Formen der sozialen Isolation sind für mich ja gerade keine Irrwege mit drohendem Selbstverlust, sondern Rettungsinseln mit Selbstfindungsgarantie, doch dazu später. Nun lag die Irrwegstheorie des Mexikaners also erst einmal demoliert auf dem Boden, wobei das Cover und der Boden erstaunlich gut farblich harmonierten.

Die Tür zum Schlafzimmer hatte ich angelehnt gelassen, vielleicht um nicht ganz mit mir allein zu sein. Der Aufprall begleitet von einem Aufschrei hatte meinen Mann aus dem Schlaf gerissen und mit kleinen Augen stand er nun sich zurechtblinzelnd im Türrahmen. Wie ein Schlumpf sah er aus in seinem blauen Schlafanzug. »¿Qué pasó?« Ich war nicht in der Verfassung, Spanisch zu reden, und griff auf die Sprache zurück, in der wir uns in Kanada verständigt hatten. Ohne ihn anzublicken, sagte ich: »I can't do this anymore, I am so tired of it, I hate these lunches.« Ich war erschöpft von diesen schrecklichen Pärchenessen, erschöpft vor ihnen, während ihnen, nach ihnen. »What is it, chiquita?«, fragte er. Beide starrten wir den mittleren Teil des Buches an, er ratlos, ich um Fassung ringend, »what happened?« Einige Monate davor war es der Milchtopf gewesen und nun dieses Buch – er musste denken, dass ich völlig abgedreht war. Und anders als der zu runde Milchtopf, der erst durch meine Schlagkraft sein ideales Aufgießoval bekommen hatte, war das dreigeteilte Buch ein wirklich trostloser Anblick. Man musste keine Literaturliebhaberin sein, um die Sinnlosigkeit der Aktion »Paz« sofort zu erfassen. Warum hatte ich das gemacht? »I can't do this anymore«, murmelte ich noch einmal, erst die Klebestreifen in dem Einband und dann die Stoffstreifen in seinem Schlafanzug fixierend. Und plötzlich dachte ich es zum ersten Mal. Ich schwieg noch, aber ich dachte es schon. Mein Mann stand weiter in der Tür, wohl insgeheim nur auf seine ersehnte Nachtruhe hoffend. Und plötzlich sagte ich es zum ersten Mal. Ich sagte es in die Stille dieser Nacht hinein: »I think I am autistic.« Wir schwiegen beide. »Really«, erwiderte er schließlich wohltuend unaufgeregt. Ich schaute ihn an und wiederholte es. Er nickte – »maybe you are.« Wir schwiegen erneut und nach einer Weile erlöste er mich, endlich. Er sagte mir, dass er verstehe, wenn ich nicht mit zum Essen kommen könne, und fragte ganz ruhig an, ob wir über diese Autismussache ein anderes Mal sprechen könnten – »pleeease?« Augenblicklich ließ die Panik in mir nach und ich atmete auf – Gott sei Dank, kein Pärchenessen morgen! Ich ahnte, dass das nächtliche Spektakel dem Extremschläfer vor mir an die Substanz gehen würde, und er schien sich nur schwer auf den Beinen halten zu können, zumindest tat er so. Mit den Worten, dass es mir besser gehe, schickte ich ihn zurück ins Bett. Dann setzte ich mich wieder auf die Couch und grübelte darüber nach, was ich da gerade als Vermutung in den Raum gestellt hatte. Konnte das denn sein? Konnte das Autismus sein? War es das, was diese Kollegin in Toronto erwähnt hatte? Ich dachte an ihre Augen, die nie in die meinen schauten. »Are you autistic?«, wird der autistische Savant, der Charlie Babbitt in NASA-Träumen schwelgen lässt, im Film von dem Kleinstadtdoktor gefragt, und er antwortet: »I don't think so. No. Definitely not.« Ich dachte an Rain Mans Austicker und daran, dass sein Pfleger V-E-R-N gesagt hatte, Menschen gehörten nun einmal nicht zu seinen Prioritäten. Zu meinen gehörten sie auch nicht, noch nie. »Am I autistic?« – ich dachte an die Unizeiten, an die Diss. Wie ging das alles zusammen? Ich dachte an vieles, war aber zu müde, um mitten in der Nacht meinen Rechner anzumachen. Nachdem ich den dreigeteilten Paz eingesammelt hatte, ging ich zu Bett. Aber schon am Morgen fing ich an, erste Nachforschungen über Autismus anzustellen, und ich fand – Asperger.

Gesichtspunkte

»Asperger ist in«, schreibt ein Professor aus Taufkirchen im Sommer 2009. Er beklagt nicht nur, dass der Boom an Aspie-Produkten und Selbsttests und Talkshows dazu führe, dass Asperger in der Öffentlichkeit als »Autismus light« oder als »liebenswerte ›Schrulle‹« wahrgenommen werde, sondern dass immer mehr Erwachsene versuchen würden, ihre Probleme mit sich und der Welt durch die *vorschnelle Selbstdiagnose Asperger* zu erklären, und dann enttäuscht seien, wenn die ärztliche Diagnose etwas anderes ergebe. Um diesem Trend entgegenzuwirken, der seiner Meinung nach aus einem medizinischen Syndrom namens Asperger eine mediale Farce namens Aspie mache, schlägt Matthias Dose also folgende Diagnoseschritte vor: »die Erhebung einer ausführlichen Anamnese, die Einholung aller verfügbaren Vorbefunde, Arztberichte, psychologischer Testuntersuchungen, soviel [sic] fremdanamnestische Angaben (Eltern, Geschwister, Freunde, Erzieher, Lehrer, Therapeuten etc.) wie möglich und eine gründliche psychiatrische Untersuchung, gegebenenfalls auch eine stationäre Verhaltensbeobachtung«. Obwohl ich laut diesem Artikel zweifellos in die Kategorie einer Laiin in Autismusfragen falle, kann ich mir einen Seitenhieb nicht verkneifen. Ich weiß nicht, wie es anderen geht, wenn sie diese Liste lesen, und vielleicht sollte ich nicht alles wörtlich nehmen, aber mich überkommen bei diesem »soviel [...] wie möglich«-Ansatz in der – wohlgemerkt – Erwachsenendiagnostik Beklemmungsgefühle. Eine ausführliche Untersuchung unter Einbeziehung möglicher Vorbefunde und sämtlicher Testergebnisse, wie sie in Freiburg erfolgt ist, ist bei Asperger sicherlich unverzichtbar. Auch die Auflistung fremder Quellen kann ich nachvollziehen, wenngleich ich mich an dieser Stelle bereits frage, welcher Aspie seine Lehrer involviert wissen will und welcher Freund besser über die täglichen Routinen und Rituale berichten kann als man selbst. Beim Et cetera begebe ich mich dann aber schon in eine trotzige Abwehrhaltung –

wen will er noch alles befragen? – und bei der Option »stationäre Verhaltensbeobachtung« nehme ich Hals über Kopf Reißaus. Natürlich gibt es Zweifelsfälle und Grenzfälle, aber ich persönlich hätte wohl eher auf eine Diagnosestellung verzichtet, als mich auf ein solches Diagnoseprogramm einzulassen – es hätte mich schlicht überfordert. Doses skeptische Grundhaltung gegenüber dem Aspie-Boom und den Selbstdiagnosen teile ich nicht, denn noch immer scheint auch in Deutschland das verbreitet zu sein, was am 30. Juli 2010 in einem Artikel der Zeitung *DerWesten* zu lesen war: *Gesundheit: Viele leiden unwissend am Asperger-Syndrom.* Aufgrund der veränderten Diagnosekriterien werden seit den neunziger Jahren mehr Menschen mit Autismus diagnostiziert als früher. Wer daraus allerdings schlussfolgert, Autismus sei zu einer »Modediagnose« verkommen und habe sich zu einer »Epidemie« ausgeweitet, wie Allen Frances in der *Welt Online* am 24. Juli 2011, der übersieht, dass die ärztliche Diagnosestellung erst nach einer gründlichen Untersuchung erfolgt und dass eine, ich zitiere, »klitzekleine autistische Ader« meines Wissens dafür nicht ausreicht. Auch der Vorwurf, Autismus werde durch den Spektrumsgedanken trivialisiert, ist in dieser Form nicht haltbar. Ich empfehle den *Google*-Test. Dazu wähle man von den siebenhundertfünfundsechzigtausend Einträgen, die der Taufkirchener Professor bei seiner Internetsuche zum Asperger-Syndrom ausfindig gemacht hat – heute sind es zu diesem Stichwort noch mehr –, einige Webseiten willkürlich aus und nehme die dort vorhandenen Text- und Testangebote ernst. Wer das tut, der wird schnell feststellen, dass Wortschöpfungen wie Aspie oder Aspiebären wie Arne nichts daran geändert haben, dass Asperger in den meisten Fällen als eine Normabweichung beschrieben wird, welche auch in ihren Lightvarianten die Betroffenen vor große Herausforderungen stellt. »Asperger ist in«, wie jeder Blick ins Internet bestätigt, und ich möchte hinzufügen: zum Glück! Denn wer weiß, ob ich ohne die Information, die mir dadurch nach nur einem Mausklick zur Verfügung stand, überhaupt tätig geworden wäre. Webseiten wie *aspergia.net, aspies.de* und *autismus-kultur.de* ermöglichten es mir durch ihre Links und Materialsammlungen nicht nur, der Autismussache auf eigene Faust nachzugehen; sie gaben mir auch den Mut, den Freiburger anzuschreiben. Ich bin überzeugt, dass die Onlinetests zum Autismus, die vom Augenpartientest über Checklisten und Quotiententests reichen, Tendenzen anzeigen, vor allem bei denen, die tatsächlich autistische Züge aufweisen. In anderen Worten: Es war der Aspie-Boom, der mit dafür sorgte, dass auf die Eingebung nach wenigen Monaten die Diagnose folgte und auf sie ein gutes Jahr später dieses Projekt.

Nicht nur die Nacht der Eingebung erwies sich als folgenschwer, auch der Tag der Diagnosestellung: Die Sprechstunde verschaffte mir nicht nur Gewissheit, sie wurde darüber hinaus zur Inspiration. In dem Gespräch mit dem Professor merkte ich erstmals, dass ich vor Geschichten überquelle: Der Autismus hat sich nicht nur in mein Leben eingeschrieben, er hat alles maßgeblich mitgeschrieben. Kaum hatte ich das Klinikum verlassen, hatte ich dieses Projekt auch schon im Kopf, und kaum saß ich im Café um die Ecke, schrieb ich den Titel und die Kapitelüberschriften in mein schwarzes Notizbüchlein – wo sie allerdings bis zum Abschluss meines Mexikobuches auf Eis lagen. Aus gutem Grund: Denn erst dann, wenn ich ohne eine Denkaufgabe bin, die mich ausfüllt und die meine Zeit strukturiert, wird das sichtbar, was sonst verdeckt ist, nämlich dass ich in der gefühlten Strukturlosigkeit eines allzu »normalen« Lebens verloren zu gehen drohe. Und erst dann, wenn sich mit der keimenden Verwirrung ein gewisser Leidensdruck aufbaut, spüre ich das in mir, was Rainer Maria Rilke in seinem ersten Brief an Franz Xaver Kappus vom 17. Februar 1903 die »Notwendigkeit« nennt: die Notwendigkeit, mich an diesem Thema systematischer abzuarbeiten, die Notwendigkeit, mir und anderen zu erklären, wie es für mich ist, das Leben mit dieser Form von Autismus. Dieses Buch ist ein Experiment, sein Ausgang ungewiss. Das Wort »Experiment« hat es mir nicht nur deshalb angetan, weil auch das

Leben einer gut funktionierenden Autistin in einer nichtautistischen Welt in vielen, insbesondere sozialen Zusammenhängen stark experimentellen Charakter hat, sondern weil ich auch am Ende dieses Absatzes noch nicht weiß, ob es mir als Literaturwissenschaftlerin gelingen wird, mich selbst zum Forschungsgegenstand – zu einem Stück Text – zu machen. »Sie sehen nach außen, und das vor allem dürften Sie jetzt nicht tun«, warnte Rilke den jungen Kappus, der von ihm wissen wollte, ob er zum Dichter tauge: »Niemand kann Ihnen raten und helfen, niemand. Es gibt nur ein einziges Mittel. Gehen Sie in sich.« Tauge ich dazu, um mich am Autismus zu versuchen? Der Verlauf des Versuches wird es zeigen. Dass es hierbei manchmal einen Tick germanistischer als in anderen Versuchen über Autismus zugeht, ist mehr als nur ein Berufsrisiko: Wort- und Textanalysen gehören zu meinen liebsten Werkzeugen, um mir innerweltliche Angelegenheiten zu erklären. Die Fähigkeit zur »besondere[n] *Selbstbeschau*« und eine »*psychopathische[] Klarsichtigkeit*« bei der »begriffliche[n] Erfassung der Welt«, die Hans Asperger in seiner *Heilpädagogik* an autistischen Menschen beobachtet, stelle ich ebenso an mir fest wie die »›Objektivität der eigenen Schlimmheit gegenüber‹«. Die Reise nach innen anzutreten und als Autistin über den eigenen Autismus zu schreiben, ist dennoch eine Herausforderung, eben weil aus dem Autismus heraus gefühlt, gedacht, geschrieben wird, zu dessen markanten Merkmalen Detailobsessionen und Tunnelblicke gehören. Selbst die bewusste Erweiterung eines autistischen Blickwinkels kann ihre Tücken bergen, denn alles, was man hört, sieht, liest, hinterlässt seine Spuren, setzt sich fest, insbesondere in autistischen Gehirnwindungen, prägt den Blick, formt den Gedanken und kann langfristig das Risiko erhöhen, sich zu verzetteln oder etwas zu Papier zu bringen, was vom eigenen Erleben bereits zu stark entfernt ist. In diesem Schreibexperiment strebe ich also Folgendes an: Ich nehme meinen Grundwortschatz zum Autismus mit auf den Weg und orientiere mich ansonsten an Rilkes Rat der Innenkehr: Ich tauche in meine Welt ab, um aufzuschreiben, wie ich meinen Autismus sehe und erlebe, was ich an ihm liebe und was ich durch ihn verliere.

Mitmensch als Störfaktor

Das erste Bild, das von mir existiert, nicht auf Fotohochglanzpapier, sondern als Familienüberlieferung, zeigt mich als Kleinkind mit eindreiviertel Jahren in einem Hamburger Kinderheim: Während alle anderen Kinder die eingetroffenen Besucher – meine späteren Eltern – umgarnen, sitze ich alleine auf dem Boden und spiele völlig in mich versunken vor mich hin. Was um mich herum passiert, scheine ich nicht weiter wahrzunehmen, ich schaue nur auf mein Spiel, bin eins mit diesem Spiel. Mitspieler sind offenbar unerwünscht: Als man mich schließlich unterbricht, reagiere ich unwirsch und stolpere auf ungeschickten Beinchen davon. Ich habe immer in meiner eigenen Welt gelebt, erst in meinen Spielen und dann in meinen Büchern, wohl auch, weil mir die andere Welt, die Welt da draußen, schon in jüngsten Jahren erhebliches Kopfzerbrechen bereitet hatte. Wenn ich hier pauschal von der Welt da draußen spreche, dann beziehe ich mich freilich weniger auf einige streunende Hunde als auf die momentan in ihr wirkenden Schlüsselakteure – meine Mitmenschen. Bevor man mich angesichts dieser provokativen Worte vorschnell als latent suizidgefährdetes armes Menschlein oder gar als dissoziale Kreatur mit potentiell gemeingefährlichen Tendenzen abstempelt, möchte ich dreierlei vorwegnehmen. Erstens: Ich lebe gern, auch in dieser Welt. Zweitens: Ich mag Menschen eigentlich, einige wenige sogar sehr. Und drittens: Ich finde Zwischenmenschliches trotzdem hochgradig schwierig. Sicherlich spielen hierbei frühste Kindheitserfahrungen eine Rolle: neben der Trennung von meinen leiblichen Eltern und fehlenden festen Bezugspersonen vor allem die Tatsache, dass das Heim ein unguter Ort war. Es mangelte sowohl an Zuneigung als auch an Essen – kaum konnte ich mit der rechten Hand den Löffel eigenständig zum Mund führen, hatte ich auch schon begriffen, dass ich meinen linken Arm zugleich um meinen Teller legen musste, um das zugeteilte Portiönchen vor den anderen Kindern zu schützen. Die sogenannten Erzieherinnen verschärften die Situation weiter: Wer kleckerte, bekam Tritte unter dem Tisch. Ob der Aufenthalt in diesem Heim meine autistischen Züge begünstigt hat? Ich vermute es. Fest steht, dass ich mich immer anders als die anderen gefühlt habe und dass ich zeitlebens nach Erklärungen gesucht habe, warum das so war.

In der Schulzeit setzte sich die fixe Idee fest, es könne daran liegen, dass ich in dem sehr deutschen und ländlich geprägten Mittelklasseklima, in dem ich später lebte, aus herkunftstechnischen Gründen eben einfach nicht deutsch genug sei. Ich schämte mich für das verräterische J in meinem Namen. Auch wenn es im Multikulti-Deutschland von heute, in dem laut einem aktuellen *ZEIT*-Bericht zur Lage der *Migration* jeder Fünfte ausländische Wurzeln hat, schwer nachvollziehbar ist, aber ich wollte früher nur eins: deutsch sein, am liebsten deutscher als die Deutschen. Ich wollte es so verzweifelt, dass ich mir als Fünfzehnjährige ein drastisches Aufhellungsprogramm verordnete, welches alle vorangegangenen Versuche mit Zitronensaftmixturen übertreffen sollte. Dass rabenschwarze Augenbrauen nicht zu wasserstoffperoxidierten Haaren passen, interessierte mich nicht – wohl aber meine Mutter, die mich in ihrem Entsetzen schon am nächsten Tag zum Friseur schleppte, der aus dem Hellblond mit Rotstich ein Nussbraun mit Grünstich machte. Es liegt auf der Hand, dass es hier um mehr als um die Farbe ging: Deutschsein hieß für mich, endlich Teil zu werden, endlich in der Masse aufzugehen, nicht mehr aufzufallen, nicht mehr anzuecken, nicht mehr fremd zu sein. In meiner Vorstellungswelt war Deutschsein das Gegenteil von Dazwischensein.

Letzteres aber war der Zustand, in dem ich mich von Kleinkindbeinen an entweder befand, ich konnte erst mit vier Jahren offiziell adoptiert werden, oder zu befinden glaubte. »Jeden Tag packe ich den Koffer«, so beschreibt Alev Tekinay ihr *Dazwischen,* »Und jeden Tag fahre ich/ [...]/in einem imaginären Zug/hin und her,/unentschlossen zwischen/ dem Kleiderschrank/und dem Koffer,/und dazwischen ist meine Welt.« Natürlich war es verständlich, dass ich mich zu einem gewissen Grad stets dazwischen fühlte: zwischen meiner kroatischen Gastarbeiterfamilie, die mir aufgrund familiärer Komplikationen den Platz an ihrer Seite früh verwehrt hatte und sich gerade deshalb einen Stammplatz in meiner Fantasie sicherte, und meiner deutsch-holländischen Adoptivfamilie, in der ich meinen Platz manchmal nicht so recht finden konnte. Die Crux war nur, dass dieses in meinem Fall sehr diffuse Dazwischen das Fremdheitsgefühl, das mich im Kontakt mit anderen Menschen mit erstaunlicher Hartnäckigkeit begleitete, nicht erklären konnte. Als sich Fragen meiner kulturellen Identität durch Reisen nach Kroatien und einige Jahre im Ausland irgendwann von selbst geklärt hatten und ich längst Frieden mit meiner Herkunft geschlossen hatte, musste ich mir vor einigen Jahren eingestehen, dass ich mir im Zusammensein mit den meisten Menschen weiterhin wie ein Fremdkörper vorkam und mich in ihrer Gegenwart ungeschickt bis unverstanden, unwohl bis ungewollt fühlte – nicht mehr dazwischen, aber dafür umso stärker draußen.

»Vielleicht steht der Intelligenzquotient in einem umgekehrten Verhältnis dazu, wie gut man mit anderen Menschen klarkommt«, mutmaßt Aaron Sorkin, der Drehbuchautor von David Finchers neuem Film *Social Network,* und nennt im Gespräch mit Andreas Rosenfelder am 7. Oktober 2010 eine Gemeinsamkeit, die er zwischen sich und dem im Film porträtierten *Facebook*-Gründer Zuckerberg sieht: »[W]enn ich zum Fenster hinausschaue, denke ich immer, dass sich da draußen ein wunderbares Leben a[b]spielt, in das man mich nicht eingeladen hat. [...] So weit weg fühle ich mich von anderen Menschen. Wie Mark habe ich das Gefühl, dass ein Zeichen an mir anderen sagt: Mit mir ist etwas falsch.« Ich bin weder ein genialer Netzwerkerfinder noch ein gefeierter Drehbuchautor – diese schwer fassbare, aber intensiv fühlbare Trennungslinie, die Sorkin mit seiner Zeichen-Metaphorik beschreibt, kenne ich jedoch nur zu gut, würde aber hinzufügen, dass hierbei durchweg eine wechselseitige Dynamik im Spiel ist: Ich habe ein Zeichen an mir, das anderen sagt, dass »etwas falsch« mit mir ist, die anderen haben ihrerseits Zeichen an sich, die mir sagen, dass mit ihnen »etwas falsch« läuft. Was also war und ist das Problem? Fakt bleibt: Ich kann nicht in meinen Kopf schauen. Und selbst wenn ich dank der existierenden technischen Hilfsmittel meine Aktivitätsströme in verschiedenen Gehirnarealen messen lassen würde, bezweifle ich, dass mir ein Nervenfachmann anschließend mit Gewissheit aufzeigen könnte, wo dieses Gefühl des Andersseins in und Abgetrenntseins von der Welt organisch verankert ist. Um dieser Zeichenmalaise dennoch näher zu kommen und einige ihrer Ursachen und Wirkungen zu beleuchten, gehe ich im Folgenden auf bestimmte kommunikative und wesensbezogene Faktoren ein, die in vielen sozialen Situationen gläserne Trennungslinien begünstigen und dafür sorgen, dass ich den Kontakt zu meinen Mitmenschen eher als Störung denn als Segen auffasse.

Blickzwänge

Als ich eines Tages bei meiner Morgenlektüre von *ZEIT Online* zufällig auf die Idee eines »Augenschauhaus[es]« stieß, lief es mir eiskalt den Rücken hinunter. Hastig klickte ich auf meiner Maus herum, um die Seite zu verlassen, doch es war zu spät – das Augenschauhaus hatte sich schon als Horrorszenario in meinem Kopf eingenistet. »›Ich träume davon, dass wir uns alle in die Augen schauen‹«, schreibt die Sängerin und Schauspielerin Jana Pallaske Anfang Dezember 2009 zum Thema *Ich habe einen Traum*. Wie sie sich das vorstellt, erläutert

sie einige Zeilen später: »[Ich] fände [...] es toll, wenn es Augenschau-
häuser gäbe, in die man immer gehen könnte. So wie sonntags in die
Kirche ginge man mindestens einmal die Woche für eine Stunde ins
Augenschauhaus. Da säße man sich in Kreisen gegenüber, die sich alle
zwei, drei Minuten weiterdrehen, und würde eine Stunde lang verschiedenen Menschen in die Augen schauen.« Zwar weist sie darauf
hin, dass ihr Augenschauhauskonzept bei vorbelasteten Zeitgenossen
gewisse Ängste freisetzen könne, insgesamt werde dadurch jedoch die
grassierende »Oberflächengärtnerei« durchbrochen und der Mensch
werde weicher, wärmer, einfacher und glücklicher. Der Traum der Jana
Pallaske ist für mich ein Alptraum, wie er im Buche steht, ich ziehe
den Kirchgang in jeder Hinsicht vor. Der Besuch eines solchen Augen-
schauhauses, wenn es es denn gäbe, würde mich nicht nur mit jedem
Augenblick härter, kälter, komplizierter und unglücklicher machen.
Wahrscheinlich würde ich bereits nach der ersten Kreisrunde vor der
Blickgewalt kapitulieren und um stationäre Aufnahme in die nächste
Psychiatrie bitten. Ich übertreibe nicht. Nach außen hin ist mein Blickkontakt recht unauffällig – das sagt zumindest der Freiburger Professor,
der es wissen muss, schließlich hat er mich in der Asperger-Sprech-
stunde mit seinen Testblicken festgenagelt. Aber das ging noch: Es war
nur ein Morgen, nur ein Mann. Viel schlimmer ist die Vorstellung eines
Kreises mit vielen wechselnden Blicken, die womöglich alle zur gleichen
Zeit die meinen suchen, eben weil man sich nicht hinter einem Buch
verschanzen oder bei Bedarf an die Tafel retten kann, wie beispielsweise
in einem Klassenzimmer. Schüchtern bin ich übrigens nicht. Ich bin
auch nicht völlig aus der Art geschlagen. Was die Affen bei den Affen
und die Menschen bei den Menschen tun, das tue ich auch: Zur Grund-
orientierung schaue ich Artgenossen zunächst in die Augen. Der Unterschied besteht darin, dass es mir schnell zu viel wird mit den Blicken.

Blickkontakte sind für mich anstrengend und können mein Wohl-
befinden empfindlich stören, zumal in Blickregelungen die Mehr-
heitsregel greift: Was für viele gut ist, wird für alle zum Muss. In west-

lichen Kulturräumen bedeutet das, dass ausgiebige Blickkontakte eine Schlüsselrolle in der menschlichen Kommunikation spielen und die meisten Menschen auch ohne blickfetischistische Neigungen über wahrgenommene Blickeigenschaften Rückschlüsse ziehen: auf die Aussage eines Menschen, auf seine Stimmung, auf sein Wesen. Ich fühle mich von den herrschenden Blickgewohnheiten eingeengt, ja eingesperrt, es ist fast so, als werde ich durch sie in ein Zwangsjäckchen gesteckt, das statt meiner Arme und Hände meine Gedanken und Gefühle knebelt. Aber nicht nur das: Sie tun mir oft regelrecht weh, diese fremden Blicke, sie stechen und schmerzen wie kleine Nadeln, mit ihnen ist es ein bisschen wie mit beißendem Neonlicht. Sicherlich ist Blick nicht gleich Blick. Als Faustregel für meine Blickangelegenheiten gilt: Je wärmer und offener mir ein Blick erscheint, desto lieber und länger sehe ich einer Person in die Augen, was allerdings nicht heißt, dass ich freiwillig ganze Abende mit Blickkontakten zubringen möchte – selbst mein Mann mit seinen Schokoladenaugen sieht sich in der Regel dazu verurteilt, neben mir statt vor mir zu sitzen. Leider ist diese Seitenblicklösung in anderen Zusammenhängen häufig nicht praktikabel. In Gesprächssituationen muss ich deshalb immer wieder zwischen zwei Übeln wählen: Wenn ich meinen Gesprächspartner so direkt und interessiert und ausdauernd anblicke, wie er es von mir erwartet, kann ich dem Gespräch nicht mehr so aufmerksam folgen; wenn ich meinen Blick jedoch zu oft abwende und schweifen lasse, wie es für mich am angenehmsten ist, dann wirke ich im besten Fall geistesabwesend und im schlimmsten Fall charakterschwach. Gehe ich der Frage nach, warum ich mit einigem Genuss acht Stunden starr auf einen Bildschirm schauen kann, ich es jedoch als Arbeit bewerte, einem Menschen eine Viertelstunde lang ständig in die Augen zu sehen, dann stoße ich auf eine eigentümliche Kombination aus Informationsüberschüssen und -defiziten. Im Gegensatz zu meinem Textverarbeitungsprogramm, bei dem ich die Kontrolle über alle Bewegungen und Buchstaben habe, stehen die Augen meines Gegenübers nie ganz still, sondern senden unablässig Signale an mich aus. Dazu kommt das gesprochene Wort. Was für viele eine kommunikative Standardsituation ist, kann einen *monotasker* wie mich in einen kommunikativen Ausnahmezustand versetzen. Denn einerseits bedeutet dies ein Zuviel an Information: Durch intensive Blickkontakte in Gesprächssituationen trifft zu viel Info zu schnell im Gehirn ein, was bei meiner etwas anderen Verarbeitungsmaschinerie zu echten Infostaus führen kann, sprich: Eine Welle aus Wörtern und Blicken überrollt mich und ich kann nicht mehr klar denken. Andererseits bedeutet dies ein Zuwenig an Information: Wenn die Kerninfos, die in den Blicken gespeichert sind, von mir nicht oder unvollständig oder falsch gelesen werden, dann kommt es nicht nur zu Infolücken, sondern zu Infochaos. Ich verstehe nicht genau, was mein Gegenüber mir sagen will, Verwirrung macht sich breit. Das gilt umso mehr, wenn Blicke und Worte nicht zusammenpassen wollen. Um an dieser Stelle mein eigenwilliges Miniaturerklärungsmodell zu verlassen und ein Stück weit zum Prinzip der intersubjektiven Nachvollziehbarkeit zurückzukehren: Ich habe den Augenpartientest nach Simon Baron-Cohen mehrere Male gemacht und jedes Mal habe ich die sechsunddreißig Augenpaare angesehen und war in nahezu allen Fällen ratlos, wie ich einen Blick zu bewerten habe, was indes nicht nur an den Blickvarianten selbst liegt, sondern auch an den Mienenspielen, in die sie eingebettet sind.

Gesichtsrätsel

Unter der Mimik versteht man gemeinhin die Ausdrucksbewegungen des Gesichts. Eine Selbsteinschätzung ergibt: Mit den Bewegungen meiner mimischen Muskeln stimmt alles, meine Mienenspiele funktionieren, zumindest passen Gefühlsregungen und Gesichtsausdrücke gut zusammen, vereinfacht gesagt: Ich grinse nicht neckisch oder dreist, wenn ich todtraurig bin, sondern verziehe das Gesicht und weine. Selbst- und Fremdeinschätzungen scheinen in diesem Punkt nahezu deckungsgleich zu sein; an meinen Gesichtsausdrücken kann man oft sogar zu gut ablesen, was in mir vorgeht, aber dazu später. Mein Problem sind fremde Mienenspiele. Dass ich eine Leseschwäche habe, die nichts mit Buchstaben zu tun hat, wurde mir erst im Zuge der Diagnose klar, als ich anfing, mich in sozialen Situationen intensiver zu beobachten, um mögliche Erklärungen für mein Unwohlsein zu finden. Heute weiß ich, dass ich große Schwierigkeiten habe, subtile Gesichtsausdrücke zu interpretieren. An totaler oder personaler Prosopagnosie, die im Sprachgebrauch oft als Gesichtsblindheit übersetzt wird, leide ich jedoch nicht – es kommt selten vor, dass ich mir ein für mich wichtiges Gesicht überhaupt nicht merken kann. Die Selbstbeurteilungsskala zur Alexithymie – auf gut Deutsch Gefühlsblindheit, also das Nicht-Lesen-Können von Gefühlen – gibt Hinweise darauf, dass ich in meiner emotionalen Wahrnehmungs-, Verarbeitungs- und Empfindungsfähigkeit Auffälligkeiten zeige, was wiederum Einfluss darauf hat, ob ich auf die Gefühlslagen anderer angemessen reagieren kann. Als gefühlsbehindert oder gar gefühlskalt würde ich mich trotzdem nicht bezeichnen – in Temperamentsfragen bin ich Südländerin. Ich sehe jedoch täglich Indizien einer emotionalen Prosopagnosie, um auf Peter Berlits Terminologie zurückzugreifen. Ich kann Gesichtsausdrücke in der Regel nur dann richtig entziffern, wenn sie deutliche Einstellungen wie Antipathie oder Sympathie oder klare Emotionen anzeigen: helle Freude, große Überraschung, tiefe Trauer, blanker Ekel, starker Ärger. Es ist also kein Zufall, dass ich mich ausschließlich mit Menschen zu umgeben suche, die ihr Herz im sprichwörtlichen Sinne auf der Zunge tragen. Je vorsichtiger sich Gefühle in einem Gesicht widerspiegeln, desto verwirrender wird es. Dies scheint in besonderem Maße für eine Emotion zu gelten – für die Angst.

Als ich mich vor zwei Jahren im Cambridger *Autism Research Centre* als Volontärin eintragen ließ, habe ich erstmalig auch einen Gesichtertest machen können, in dem einhundertvierzig Gesichtsausdrücke mit sieben Eigenschaftswörtern bewertet werden sollten. Zwar war das Ergebnis besser als beim Augenpartientest. Während ich Ausdrücke wie *happy, disgusted, neutral, surprised* relativ gut erkennen konnte und mich auch bei *sad* und *angry* noch tapfer geschlagen habe, kam ich in der Kategorie *afraid* nur mit Mühe auf ein Fünftel der Punktzahl. Was soll ich sagen? Ich habe über das Thema Angst meine Doktorarbeit geschrieben. Ob mich die Angst in der Literatur auch deshalb interessiert hat, weil ich sie in den Gesichtern meiner Mitmenschen nur unzureichend erkenne? Dass ich ängstliche Gefühle in fremden Gesichtern nur schwer identifizieren kann, mag auf den ersten Blick wie ein kleines Delikt in der zwischenmenschlichen Interaktion aussehen, entpuppt sich aber auf den zweiten Blick als ein größeres Handicap: Denn wenn ich ein ängstliches Gesicht – beispielsweise das eines schüchternen Menschen – fälschlicherweise als gleichgültig oder als aggressiv wahrnehme, dann kann dies die weitere Begegnung höchst ungünstig beeinflussen. Anders als das Testergebnis suggeriert, bereiten mir im realen Leben jedoch nicht nur die ängstlichen Gesichter Probleme, sondern, wie bereits angedeutet, auch die neutraleren. Manchmal kommt es mir vor, als sei ich von Pokergesichtern umgeben, egal wohin ich gehe. Ich habe in mehreren Ländern gelebt und kann deshalb sagen: Auch wenn diese Leseschwäche in einigen Kulturen öfter und stärker als in anderen zum Vorschein kommt, im Heimatland Deutschland seltener und schwächer als in einem Land wie Mexiko, schätze ich sie in ihrem Kern dennoch mehr emotions- und persönlichkeitsspezifisch als kulturabhängig ein. Gespräche mit meinem Mann legen nahe, dass die Wahrnehmung »Pokergesicht« häufig mit Wahrnehmungsdefiziten meinerseits zusammenhängt: In Gesichtern, die für mich unlesbar sind, kann er sehr wohl lesen, manchmal sogar wie in einem offenen Buch. Festzuhalten bleibt an dieser Stelle, dass mich nonverbale Botschaften nicht immer erreichen, was den Kontakt zu anderen Menschen seit meiner Kindheit erschwert und über die Jahrzehnte bestimmte sozialphobische Anwandlungen verstärkt hat.

Und vielleicht ist die Leseschwäche ein Grund, warum ich mich ziemlich schlecht spontan in andere Menschen hineinversetzen kann; die Punktzahl beim Empathietest nach Baron-Cohen war so niedrig, dass ich mir danach wie ein gefühlloses Monster vorkam. Relativierend möchte ich hinzufügen, dass dieses fehlende Einfühlungsvermögen in erster Linie auf das Nichterkennen fremder Gefühlszustände zurückzuführen ist und sich zudem mehr auf Alltags- als auf Krisensituationen bezieht – in letzteren Fällen kann ich sehr wohl ein- und vor allem mitfühlend sein. Eine Voraussetzung für das Reagieren auf die Gemütsbewegungen meiner Mitmenschen bleibt jedoch immer, dass ich sie wirklich erkennen kann: durch eindeutige Mienenspiele, durch den gegebenen Kontext oder durch ein klärendes Wort. Seit mir bewusst ist, dass ich manche Gesichtsausdrücke nicht oder nur schwer lesen kann, nehme ich Unsicherheiten in nonverbalen Belangen früher wahr und setze verstärkt auf die verbale Kommunikation. Allerdings birgt auch sie ihre Tücken.

Sprachfallen

»Alle Kommunikation ist riskant«, um es mit Niklas Luhmann zu sagen. Denkt man eher system- als handlungstheoretisch, dann ist Kommunikation nicht mehr die bloße Übertragung von Sinn, sondern die zirkulär ablaufende gemeinsame Aktualisierung von Sinn, die nur dann funktionieren kann, wenn alle Beteiligten mitspielen, was unter anderem die Beherrschung der verwendeten sprachlichen Zeichen voraussetzt. Die kleinste selbständige Einheit einer Sprache ist das Wort und, um meinerseits gleich mit der Sprache herauszurücken, das Wort hat es mir schon seit Vorschulzeiten angetan. Wörter sind mein Leben und mein Beruf: Ich spiele mit ihnen, suche Sinn in ihnen, schreibe Texte mit ihnen. Als Literaturwissenschaftlerin analysiere ich Literatur und begebe mich auf der Suche nach Sinnpotentialen ständig auf die Spur nach dem Ungeschriebenen im Geschriebenen. Insgesamt gilt: Mit Texten kommuniziert es sich leichter als mit Menschen, gibt es in vielen Gesprächssituationen doch neben den Blicküberflutungen und dem Gesichtsrätselraten noch weitere Hindernisse, die das Gemeinschaftsprojekt »Sinnaktualisierung« in Frage stellen können. In sprachlich-semantischer Hinsicht sind das die Sprachfallen. Sprachfallen werden häufig mit den Schwierigkeiten des Fremdsprachenlernens assoziiert. Das gleichnamige Buch *Sprachfallen Spanisch* von Kornelia Stuckenberger etwa zeigt auf seinem Cover eine Maus, die verschwörerisch zwinkert, weil sie das Käsestück aus der Falle gerettet hat, ohne sich darin zu verfangen. So glimpflich geht es nicht immer aus. Wenn ich hier von meinen Sprachfallen rede, dann beziehe ich mich nicht auf die Endlosfauxpas im Spanischen, sondern auf die Verständnisfallen, die auch im Deutschen lauern, wenn in Gesprächssituationen das Lesen zwischen den Zeilen nicht funktionieren will. Die Kunst des Lesens zwischen den Zeilen besteht im Kern darin, den Sinn einer Äußerung auch dann zu erfassen, wenn er sich nicht direkt aus ihr ergibt. Da ich Gesichter nicht so zuverlässig lesen kann wie andere, verlasse ich mich stärker auf das Wort – und das nehme ich wörtlicher als andere. Das heißt nun aber nicht, dass ich alles wörtlich nehme. Und dieses Wörtlichnehmen ist sicherlich auch nicht der alleinige Grund, warum ich Witzpointen in den meisten Fällen nicht zum Lachen finde. Bei Redensarten und Redewendungen, deren Bedeutungen sich ebenfalls nicht unmittelbar aus den Einzelbedeutungen der Wörter ergeben, verstehe ich beispielsweise sofort, was gemeint ist, wenn abends um sechs »die Bürgersteige hochgeklappt« werden. In einem Interview mit Mona Herz schildert die Ärztin Christine Preißmann, wie sie in eben dieser Sprachfalle landete: »Gebannt stand ich am Fenster, um nicht zu verpassen, was da geschehen würde.« Allerdings bestätigt die Ausnahme in meinem Fall die Regel und ich muss gestehen, dass ich vor einiger Zeit während eines Telefonats doch hereingefallen bin: Als eine Freundin mir mit todernster Stimme mitteilte, dass einem ihrer

Bekannten am Ende tatsächlich die Decke auf den Kopf gefallen sei – »Stell dir mal so was vor!« –, war ich mehrere Sekunden sprachlos vor Entsetzen und hatte das Haus vor Augen, das vor Jahren mitten in Toronto ohne erkennbare Baumängel zusammengestürzt war.

Wenn ich das unendlich weite Feld des Zwischen-den-Zeilen-Lesens nun mit einer Überprüfung von Stilfiguren etwas einzugrenzen suche – Stilfiguren werden ständig bewusst oder unbewusst gebildet, um sprachliche Effekte zu erzeugen –, dann stoße ich auf eine der wandlungsfähigsten Stilfiguren, die mit schöner Regelmäßigkeit dafür sorgt, dass ich mich auch ohne lockende Käsehäppchen in einer Sprach- und damit Sinnfalle verfange: die Ironie. Das Wort »Ironie« kommt vom griechischen Wort für Verstellung und Vortäuschung und produziert einen Widerspruch, als Antiphrase einen Gegensatz, zwischen Gesagtem und Gemeintem. Theoretisch verstehe ich die Ironie als ein beliebtes Würzmittel abstrahierender, umschreibender, vergleichender, verschlüsselnder, versinnbildlichender Stilfiguren, praktisch aber kann ich gerade sie oft weder heraushören noch herauslesen. Mein Leben ist voller Begebenheiten, in denen ich Ironiesignale, zumal die subtileren, nicht erfasst habe. Eine Episode, die aufzeigt, dass Ironiefallen, die mit Konventionsfallen gekoppelt sind, unliebsamere Konsequenzen haben können als missglückte Lektüreversuche oder ausweglose Gesprächs-sackgassen, ereignete sich in Kanada, als ich eine Austauschstudentin in Waterloo war. Die Situation ist schnell umrissen: Es gab eine Reihe von Jobtalks in der Deutschabteilung und ich hatte während der ersten zwei Vorlesungen auf dem gleichen Platz gesessen, bei der dritten kam ich später in den Saal und eine Professorin saß auf eben diesem Platz. Verloren ging ich im Raum herum, stellte mich neben den Stuhl, sah ihn an, sah sie an und murmelte etwas von: »Oh je, wo soll ich jetzt sitzen? Das war doch mein Platz ...« Hatte ich wirklich eine Antwort erwartet? Ich bin mir nicht mehr sicher. Sicher ist nur: Sie antwortete, und das zuckersüß. Sinngemäß sagte sie: »Oh, das ist also Ihr Platz? Aha ... Na dann – bitte, bitte! Ich gehe ...« Sie stand auf, wartete ab, und es kam, wie es kommen musste. Zu eifrig darauf bedacht, auch dieses Mal den Platz einzunehmen, der mir auf mysteriöse Weise am vertrautesten erschien, kam ich nicht mal entfernt auf den Gedanken, dass es einer Studentin aufgrund ungeschriebener inneruniversitärer Rangordnungen vielleicht nicht zustehen könnte, Ansprüche auf den Platz einer Professorin anzumelden. Ich nahm ihre Worte wörtlich und überhörte die rhetorische Ironie, die einem anderen Studenten wahrscheinlich doch suggeriert hätte, dass das gesäuselte Platzangebot in Wahrheit ein genervter Platzverweis – ein *bug off* – gewesen war. Ich dankte ihr freudig, geradezu überschwänglich, und setzte mich schließlich auf den Stuhl. Kurz danach war die Hölle los, sämtliche Germanisten von Waterloo über Montreal bis hin nach Vancouver waren bereits über den Platzskandal informiert, und ich wurde in eine überlange Sprechstunde mit der Professorin zitiert. Nicht genug damit, dass ich mir durch die Platzgeschichte jegliche Restsympathien in der Abteilung verscherzt und von dem Tag an vorläufig keine Betreuerin für meine Masterarbeit mehr hatte. Sie warf mir vor, das ungezogenste Menschenkind auf diesem Planeten zu sein, und unterstellte mir mit Referenz zu meinem Forschungsthema dunkle Absichten: Sie nannte mich eine Judith, die in ihrer Professorin einen Holofernes entdeckt habe und nun zum Todesstoß gegen seinen – sprich gegen ihren – Kopf aushole. Ich gebe ja zu, dass mir das Gespür für gesellschaftliche Normierungen häufig fehlt, aber wenn ich heute zurückblicke, dann denke ich, dass diese Anklagestunde in keinem Verhältnis zu meinem – zugegebenermaßen kindischen – Vergehen stand und an jenem Morgen einfach eine geballte Ladung Frust auf mich und meine Tat projiziert wurde. Aber damals, da wusste ich nicht, wie mir geschah: »Sie hatten doch gesagt, ich könnte mich auf Ihren Platz setzen?!« Dass ich in einer solch brenzligen Situation, die meinen Verbleib im Masterprogramm auf Wochen zur Disposition stellte, nicht überzeugend so tun konnte, als ob, verschärfte das Waterlooer Platzdrama zusätzlich.

Gesprächsmanöver

Adolph Freiherr Knigge sieht den *Umgang mit Menschen* 1788 als eine Kunst, die man erlernen kann: »Der, welchen nicht die Natur schon mit dieser glücklichen Anlage hat geboren werden lassen, erwerbe sich Studium der Menschen, eine gewisse Geschmeidigkeit, Geselligkeit, Nachgiebigkeit, Duldung, zu rechter Zeit Verleugnung, Gewalt über heftige Leidenschaften, Wachsamkeit auf sich selber und Heiterkeit des immer gleich gestimmten Gemüts; und er wird sich jene Kunst zu eigen machen.« Sein Umgangsbuch setzt sich das Ziel, den Menschen ein Regelwerk an die Hand zu geben, »um in dieser Welt und in Gesellschaft mit andern Menschen glücklich und vergnügt zu leben«. Schon der eingangs zitierte Satz aus der Einleitung lässt indes vermuten, dass Umgangsformen, die sich an »den Temperamenten, Einsichten und Neigungen« der Mehrheit orientieren, komplizierte Angelegenheiten sind, an denen weniger gesellige und geschickte Menschenexemplare verzweifeln können. Als ein hoffnungsloser Fall wird demnach auch der Stubengelehrte angeführt, der sich, wenn er sich denn »einmal aus dem Haufen seiner Bücher hervorarbeitet«, fremd in der Welt und unter den Menschen fühlt und »an nichts von allem, was gesprochen wird, Anteil nehmen« kann. Knigges Bücherwurm, der in Gesellschaft »keinen Faden finden kann, um mit anzuknüpfen«, führt mich zu einem weiteren Störfaktor: dem Gesprächsmanöver. Die gelungene Teilnahme an einem Gespräch setzt die Kenntnis von Regeln voraus, die kultur- und milieuspezifisch sind und durch die Sozialisation vermittelt werden. Obwohl ich mit den Grundlagen diverser Gesprächsformen vertraut bin, stelle ich bei mir Besonderheiten fest. Zwar rede ich nicht wie ein Wasserfall von meinen Themen – diese Eigenart habe ich hinter mir gelassen. Oft fühle ich mich jedoch bereits im Vorfeld einer Gesprächssituation so verloren, dass ich zu überfallartigen Gesprächseröffnungen neige, wie vor einigen Jahren, als ich nach Oxford eingeladen wurde, um einen Vortrag zu halten, in den

Saal ging, eifrig über dieses und jenes mit der mir bis dahin nur durch ein Webfoto bekannten Symposiumsleiterin zu sprechen begann, bis diese es nicht mehr an sich halten konnte: »Do you have a name?« Seltsam muten manchmal auch meine Gesprächsabschlüsse an: etwa wenn ich sie ganz vergesse, weil ich in Gedanken vertieft bin, oder wenn ich sie in einem Anflug von Zuneigung unkonventionell gestalte und nach einem Bewerbungsgespräch einer sympathischen Autoritätsperson um den Hals falle. Selbst die Gesprächskernphasen verlaufen anders, was nicht nur daran liegt, dass ich überproportional viele Redeanteile beanspruche und die Themenwahl zu bestimmen suche. Unvorhersehbar wird es vor allem dann, wenn Täuschmanöver gefordert sind.

Ein Manöver, ursprünglich eine Handhabung oder ein Kunstgriff, ist nicht nur beim Militär eine taktische Bewegung, auch in der Umgangssprache rückt es in die Nähe der Winkelzüge und Tricks. Das Bestimmungswort besiegelt sein Schicksal: Laut Pfeifers Wörterbuch steht *tiuschen* bereits im Mittelhochdeutschen für »unwahr reden« bis hin zu »betrügen«. Im juristischen Sinne kann ein Täuschmanöver ein Großdelikt sein; ich beziehe mich mit diesem Wort jedoch ausschließlich auf die gesellschaftlich erlaubten, ja erforderlichen, Kleindelikte in Gesprächssituationen. Man windet sich, verdreht, beschönigt, heuchelt, schweigt, tarnt, schwindelt, weil es sich so gehört und weil man sich dadurch Vorteile erhofft. Ist meine Wortwahl zu drastisch? Ich finde, sie trifft den Kern der Sache: Man redet »unwahr«, warum auch immer. Täuschmanöver sind eine Kunst für sich, ob ich auf sie zurückgreife, hängt von der Situation ab. Nehmen wir folgendes Beispiel: Vor mir liegt ein Stück Marmorkuchen, das zu lange im Ofen war und so trocken aussieht, dass mir der Bissen schon beim Anblick im Hals stecken zu bleiben scheint. Szenario eins: Meine Oma hat den Kuchen gebacken; Szenario zwei: Ein Kollege hat ihn gekauft. Im ersten Szenario würde ich die Anstrengung hinter dem Kuchen sehen, die zittrigen Hände meiner Oma, ihre gütigen Blicke. Ich würde das angeschwärzte Teil mit einem Glas Milch hinunterwürgen und sagen: »Besser, *[hüstel]* es schmeckt besser als letztes Mal!« Im zweiten Szenario würde ich keinen Hehl aus meiner Abneigung machen, auch nicht aus betriebsklimatischen Gründen. Statt Oma und Marmorkuchen könnte man übrigens auch Mann und Pfannkuchen oder, um den Bogen von der Küche zum Klassenzimmer zu spannen, Student und Referat sagen. Das Prinzip ist ähnlich, es gibt Fälle, in denen ich zu Täuschmanövern meist im Sinne von Schonmanövern neige. Daraus zu schließen, dass ich mich in einer Gesprächskultur, in der Smalltalker und Netzwerker die Richtung vorgeben, ohne Probleme zurechtfinde, wäre jedoch verfehlt. Auch wenn mir keine lange Nase wächst, wenn ich Halb- und Unwahrheiten von mir gebe, fühle ich mich dabei notorisch unwohl. Gesprächsmanöver sind Kraftakte. Ich bin ein sehr direkter, ziemlich ehrlicher und, was gewisse Themen angeht, extrem passionierter Mensch, der in der Regel nur an Gesprächen interessiert ist, wenn es tatsächlich etwas zu besprechen gibt. Das ist aber oft weder der Fall noch ein Ziel. Während ich die Gesprächsziele vieler meiner Mitmenschen eher als beziehungsorientiert bezeichnen würde, sind meine eher themenbezogen. Nicht die Pflege von Beziehungen steht im Vordergrund, sondern der Austausch über ein Thema, was allerdings nicht heißen soll, dass dieses Thema nicht zwischenmenschlicher Natur sein kann oder dass ich mich nicht freue, wenn durch gute Gespräche zwischenmenschliche Bande gefestigt werden. Für die meisten Gespräche gilt: je ehrlicher, desto einfacher! Sicherlich bin ich nicht mehr das Mädchen, das mit seiner Mutter in der U-Bahn sitzt und lautstark über die fliederfarbenen Fingernägel der Sitznachbarin redet – ich wage zu behaupten, dass mein Fingerspitzengefühl über die Jahre mitgewachsen ist. Dennoch passiert es mir bis heute ständig, dass ich Menschen unbeabsichtigt brüskiere: Weil sie mit mir über irgendwelche Dinge reden möchten und ich sie zu harsch abweise, oder weil ich ihnen Dinge sage, die sie nicht hören wollen oder die sie in der unverblümten Art nicht verdauen können. Ich erinnere mich an eine Anti-Atomkraft-Veranstaltung, zu der mich Kollegen von *Greenpeace* vor vielen Jahren mitgenommen hatten. Dass ich als grünlich angehauchte Politikstudentin einem namhaften Politiker und Befürworter ins Gewissen reden sollte, stellte die Weichen für den Fauxpas des Abends. Denn dieser Mann, so angetan er anfangs auch von mir und meinen Ideen war, nahm zwar meinen kleinen Stolperunfall in der Menge und seine anschließend weingesprenkelte Krawatte noch mit Humor, nicht aber meinen folgenden – entschuldigenden – Zusatz: »Ich finde Sie schrecklich, aber das – das wollte ich nun wirklich nicht!« Vielleicht steht spätestens hier die Frage im Raum, warum ich mich angesichts dieser Fettnäpfchenaffinität nicht gezielt darauf programmiere, »unwahr [zu] reden«, sozialprophylaktisch sozusagen? Weil auch das nicht einfach ist, ich täusche weder gern noch gut. Im Normalfall komme ich mir bei einem Manöver lediglich wie eine Hochstaplerin vor, im schlimmsten Fall werde ich zur Spielverderberin, verfehle die Dosierung, den Ton oder den Moment und lande doch wieder kopfüber in einem Fettnäpfchen. Da mir im *Umgang mit Menschen* ein Sensor fehlt, der blinkt und warnt: »Reden auf eigene Gefahr!«, bin ich dazu übergegangen, meine Meinung in schwierigen Situationen oder mit wenig vertrauten Menschen nur noch dann kundzutun, wenn ich darum gebeten werde. Ansonsten halte ich mich zurück, was mir insgeheim sogar gelegen kommt, weil ich bei nichtssagenden Menschen und Themen ohnehin abschalte.

Themenunverträglichkeiten

Die Unverträglichkeit steht im pharmazeutischen Sprachgebrauch für unerwünschte Wechselwirkungen zwischen Stoffen und ist im medizinischen ein Synonym für die Intoleranz, laut Pfeifer eine negierte Ableitung von lateinisch *tolerāre* (ertragen). Ich denke, sie eignet sich auch ganz vorzüglich für zwischenmenschliche Belange.

Sie ruft nicht nur die gläsernen Trennungslinien auf, die vermuten lassen, dass etwas mit der Chemie zwischen mir und meinen Mitmenschen nicht stimmt, sondern verweist auch auf thematische Trennungslinien. Es hat etwas von einer Henne-Ei-Frage an sich: Sind gewisse Themen so wichtig für mich, weil ich in zwischenmenschlichen Beziehungen nicht die Erfüllung finden kann, oder kann ich in zwischenmenschlichen Beziehungen nur deshalb nicht die Erfüllung finden, weil ich meine Themen zu wichtig nehme? Wer ist der Übeltäter: ein soziales Desinteresse oder ein thematisches Überinteresse? Fest steht: Meine sozialen Bedürfnisse sind nicht sehr ausgeprägt. Fest steht auch: Solange ich denken kann, spielen Spezialthemen, in der Asperger-Forschung spricht man von Spezialinteressen, eine zentrale Rolle in meinem Leben. Unterscheiden lassen sich hierbei die weiteren Themengebiete – all das, worüber ich mich austauschen möchte – und die engeren Themengebiete – all das, was ich sammle oder worüber ich arbeite, wobei sich meine Forschung momentan vor allem auf Texte über Mexiko richtet. Inzwischen habe ich meine Leidenschaft für die Literatur zur Hauptbeschäftigung gemacht und ein großer Teil meiner Zeit ist dafür – und nur dafür – vorbehalten. Obsessiv war ich in diesem Punkt immer: Das kann so weit gehen, dass ich mich während eines Projektes zwingen muss, im Alltag zu funktionieren, etwa einen Arzttermin auszumachen oder jemandem zum Geburtstag zu gratulieren. Weil ich meine Arbeit mit Texten gerne als Grund anführe, warum ich für soziale Aktivitäten keine Zeit habe, machen viele meinen Arbeitseifer dafür verantwortlich, dass ich wenig Zeit für sie habe, und hoffen, falls sie denn die Ausdauer haben, auf bessere Zeiten. Nur: Die kommen nie, denn kaum ist das eine Projekt fertig, zeichnet sich das nächste schemenhaft lockend am Horizont ab. Dass das exzessive Verfolgen von Projekten mit der Suche nach Strukturen zusammenhängt, erläutere ich noch. Wichtig ist zunächst, dass diese Projektfixierung nicht die alleinige Ursache ist, warum ich nur bedingt am sozialen Leben teilnehme. Viele Menschen interessieren mich einfach nicht genug, um mich mit ihnen zu beschäftigen – und sie interessieren mich auch deshalb nicht, weil sie sich nicht für meine Themen interessieren und ich mich nicht für die ihren.

Unter einer Themenunverträglichkeit verstehe ich, dass man kein gemeinsames Thema findet, an dem man sich produktiv abarbeiten kann, was das Risiko erhöht, dass die vorhandene thematische Leere mit Smalltalk aufgefüllt wird. Besonders schlimm wird es, wenn in einer solchen Smalltalksituation Themen, die mir wirklich am Herzen liegen, im Schnellverfahren abgehandelt oder sogar abgekanzelt werden. Was gibt es zum Beispiel noch mit jemandem zu besprechen, der den Sinn eines Buchprojektes aus rein marktwirtschaftlichen Überlegungen anzweifelt und mich auffordert, endlich einen *Harry Potter* zu schreiben? Was kümmert mich *Harry Potter*? Ich habe den ersten Film nach zwei Minuten abgestellt. Mittlerweile stelle ich mit großem Bedauern fest, dass sich auch in alte Freundschaften vereinzelt Themenunverträglichkeiten einschleichen. In gewisser Weise waren die Jahre als Studentin und Doktorandin ideal: Es gab Raum und Ressourcen genug, um seinen Projekten nachzugehen, war nur den ebenfalls themenfixierten Seminarleitern oder Thesenbetreuern verantwortlich und konnte mit Gleichgesinnten seine Themen ausgiebig diskutieren, ohne dass die Beteiligten von Nestbautrieben heimgesucht wurden, ohne dass jeder Plan unter dem Gesichtspunkt der Markttauglichkeit unter die Lupe genommen wurde. Mit den paradiesischen Zuständen war es leider spätestens als Fakultätsmitglied vorbei und jetzt ist es in der Regel wie folgt: Die Lebensthemen der anderen haben sich stark verändert, meine sind relativ gleich geblieben. Während andere Häuser bauen, in Firmen aufsteigen, Windeln wechseln, lebe ich im »schöne[n] Lande,/Welches Mexiko geheißen« (Heine), weiterhin überaus gerne zu zweit und auf begrenztem Raum und widme mich tagaus, tagein meinen Interessen. Die Grundfrage, die sich mir vor jeder Verabredung stellt, ist also: Wenn die Möglichkeit besteht, genüsslich in Carl Franz van der Veldes Mexikoroman abzutauchen oder meine geliebten mexikanischen Silberohrringe blank zu polieren – warum sollte ich mich dann freiwillig stundenlang auf seichten Konversationskurs begeben und mich über den neusten *Audi*, die besten Befruchtungstechniken, das richtige Karrieremachen unterhalten? Übrigens bin ich nicht ganz so eingeschränkt, wie es nach diesen willkürlich ausgewählten Beispielen vielleicht den Anschein hat, sondern interessiere mich für allerlei, gerade in Sachen Umweltschutz und Gesellschaft, aber eben nicht für das Durchkauen von Dingen, die für mich wenig bis keine Bedeutung haben. Natürlich verstehe ich, dass sich meine Mitmenschen nicht über eingestaubte Mexikoepopöen oder lateinamerikanische Miniaturtonfigürchen unterhalten wollen. Das Problem bleibt dennoch: Geselligkeit um der Geselligkeit willen funktioniert bei mir selten. Wenn ich mit einem Menschen kein Thema finde, das mich annähernd zu fesseln versteht, dann sehe ich letztlich keinen Grund für die weitere Konversation, geschweige denn für zukünftige Treffen. Es gilt jedoch auch der Umkehrschluss: Wenn ich mit einem Menschen ein Thema finde und noch dazu die Chemie halbwegs stimmt, dann verschwinden plötzlich alle Verständigungsschwierigkeiten auf magische Weise und ich erlebe den Zauber einer zwischenmenschlichen Begegnung. Das wiederum soll nicht bedeuten, dass ich zu jedem Zeitpunkt solche Begegnungen haben könnte.

Verstrickungsgefahren

»Du hast Verstand, ja Scharfsinn, doch ich sah,/Wie du ihn oft nur dazu brauchen mußtest,/Dich loszuwickeln aus Verdrüßlichkeit,/Die unbesonnen Thun dir zugezogen,/Drum hüte dich, daß nicht dein Lebenslauf/Nur ein Verstricken und Entstricken sei.« Diese Worte, die Fortunat in Ludwig Tiecks gleichnamigem Drama an Andalosia richtet, bestätigen Wilhelm Schapps These: Menschsein heißt Verstricktsein. Sie verweisen zudem auf ein Gefahrenpotential, das Verstrickungen zu eigen sein kann, wie Grimms Wörterbuch erläutert: Verantwortlich dafür ist die Vorsilbe »ver«, die das harmlose Verb »stricken« in die Nähe bedenklicher Vorgänge rückt, denn verstricken bedeutet unter anderem mit Stricken ineinanderschnüren, umschnüren, festschnüren, ja zuschnüren! Bei der Abstraktbildung besteht laut Grimm dann kein Zweifel mehr: Verstrickung ist gleich Verwirrung. Warum ich das schreibe? Weil ich mich oft tatsächlich fühle, als ob mein Lebenslauf ein einziges Verstricken und Entstricken sei. Wieder geht es um Besonderheiten der Wahrnehmung und Verarbeitung. Ich nehme die Welt um mich herum tendenziell als eine Reizwelt wahr, in der ich mich gerne bewege, die jedoch das Risiko von Reiz- und Infoüberflutungen birgt. Bei Lärm und Licht helfen Ohrstöpsel und Sonnenbrillen, bei Veränderungsstress die Lullabeis des Immergleichen; was aber lindert die Informations- und Emotionsverdauungsbeschwerden, die vor allem durch zwischenmenschliche Kontakte aktiviert werden und die bei mir zu Funktions- und Energieeinbußen führen können? Um keine Missverständnisse aufkommen zu lassen: Auch ich bin in ein kleines Netz von Beziehungen eingebunden, die ich nicht missen möchte. Als der Freiburger Professor mich jedoch zum Thema Mitmensch fragte, ob mein Unwohlsein in der Gegenwart anderer auch etwas mit Verwirrung zu tun haben könnte, habe ich es bejaht. Gehe ich der Frage nach, was diese Verwirrung erzeugt, dann stoße ich auf einen sechsten Störfaktor: auf unerwünschte Verstrickungen. Mit Fremdverstrickungen ist es ein bisschen wie mit Blickzwängen: Was für viele ein positives Eingebundensein in die Geschichten anderer ist, kann von mir bereits als negative Verstrickung interpretiert werden. Ein Verstrickungsproblem entsteht dann, wenn ich mit etwas konfrontiert werde, mit dem ich in einer gegebenen Situation nicht konfrontiert werden möchte, und dann nicht über die Mechanismen verfüge, um das Gehörte, Gelesene, Gesehene abzuwehren oder zu verarbeiten. Einen Nährboden dafür bereiten Eigenverstrickungen: Durch sie sinkt die Aufnahmebereitschaft für zusätzliche Fremdverstrickungen.

Insgesamt scheine ich über weniger Kapazitäten zu verfügen, um mich mit fremden Geschichten auseinanderzusetzen. Problematisch wird es aber erst, wenn ich mich in den Stricken der Konvention verfange und es gegen meinen Willen dann doch tue. Ich möchte mich einer Gesprächssituation vorsorglich entziehen, weil ich in dem betreffenden Moment zu sehr in eigene Angelegenheiten verstrickt bin, fühle mich jedoch von den herrschenden sozialen Regeln unter Druck gesetzt. Ich entscheide mich also nicht für das, was für mich richtig wäre, für Vertagung und Abkapselung, sondern für das, was für die anderen richtig ist, für das sofortige Gespräch. Genau das erhöht die Wahrscheinlichkeit, dass es bei mir zu Symptomen eines *overloads* kommt.

In *Adam,* für mich das bislang gelungenste filmische Porträt eines funktionierenden Aspies, gibt Adam seiner Nachbarin und späteren Freundin Beth folgende Erklärung, warum er nicht zum ersten Treffen mit ihren Freunden gekommen sei: »I get kind of overloaded.« Die Vorsilbe *over-* impliziert nach dem *Merriam-Webster* immer »to an excessive degree« und das Nomen *load* steht nicht nur für »whatever is put on a person or pack animal to be carried«, sondern für »something that weighs down the mind or spirits«. Ein *overload* steht für Überlastung und Überbeanspruchung. Für mich gilt: Ich bin überlastungsgefährdet, wenn ich mich in einer Gesprächssituation verheddere, für die ich keinen Nerv habe und die sich womöglich im Verlauf als schwierig erweist oder mit sozialen Forderungen einhergeht. Das Abschalten fällt dabei genauso schwer wie das Aufnehmen. Im Kopf fühlt sich das nach einer Weile an, als würden sich die unaufhörlich auf mich einströmenden Infostränge in Verbindung mit den vorhandenen Infobeständen in hochkomplexe Infowirrknäuel verwandeln, die sich in sämtlichen Gehirnwindungen breitmachen und den Betrieb lahmlegen. Die Folgen sind sofort spürbar. Zu ihnen gehören neben Denkblockaden auch Anspannungszustände und Überforderungsgefühle sowie Perspektivenverzerrungen: Jede Mücke wird zum Elefanten. Meist gelingt es mir, das Gesicht zu wahren, bis ich mich aus den Fesseln der Situation lösen und in die nötige soziale Pause flüchten kann, um den Wirrwarr in mir in Ruhe zu entwirren. Manchmal fühle ich mich allerdings so überrollt, dass ich gleich in die Luft gehe. Nicht nur die Unfälle, die ich im bisherigen Leben auf dem Fahrrad oder im Haushalt hatte, hatten rückblickend etwas mit Verstrickungszuständen zu tun, auch meine Ausbrüche im Rumpelstilzchenstil. Es ist also kein Wunder, dass ich stets versuche, unerwünschten Verstrickungsgefühlen vorzubeugen, was sich wiederum für meine sozialen Beziehungen nicht gerade als förderlich erwiesen hat, denn Vorbeugung ist Vermeidung. Vermeidung kann Totalrückzug bedeuten, das heißt, dass ich für einen längeren Zeitraum für niemanden – außer meinem Mann – zu sprechen bin. In meiner Examensphase etwa traf es meine Familie: Die Examensvorbereitungen und Nebenjobs hatten alle Energievorräte aufgebraucht, so dass ich mich im Privaten für einen Rückzug entschied. Das Telefon blieb über Wochen ausgestöpselt, was meine Eltern derart in Panik versetzte, dass es zu überfallähnlichen Besuchen kam, was mir klarmachte, dass man sich aus Angst vor Fremdverstrickungen nicht einfach für einen längeren Zeitraum aus sozialen Bindungen lösen kann. Aus diesem Grund bevorzuge ich heute die sozial verträglicheren, weil angekündigten Teilrückzüge, das heißt, dass ich für Menschen, die Verstrickungsgefühle in mir begünstigen, nur zu festen Zeiten zu sprechen bin. Dass auch solche überreglementierten Formen der Kontaktgestaltung im Leben zu erheblichen zwischenmenschlichen Problemen führen können, liegt auf der Hand.

Leben als Hindernislauf

Wahrscheinlich würde ich es nicht einmal über das erste Hindernis schaffen, wenn ich tatsächlich an einem Hindernislauf teilnehmen müsste, wahrscheinlich wären meine Arme im Weg oder meine Beine nicht schnell genug und ich zöge es in letzter Sekunde vor, um das Hindernis herumzuspurten, zur Belustigung etwaiger Zuschauer. Es gab also andere Gründe, warum ich damals im Freiburger Café spontan ein Wort aus der Leichtathletik als Eingangslabel für den Abriss »Leben« wählte, welches laut Pfeifer von englisch *steeplechase* kommt, vom »Querfeldeinrennen zu Pferde in Richtung auf einen weithin sichtbaren Kirchturm«. Der Hindernislauf setzt Assoziationsketten in Gang. Ich verbinde ihn mit Luftsprüngen und Trainingseffekten, aber auch mit dem Risiko des Stürzens, mit großen Anstrengungen und wachsenden Erschöpfungszuständen – je länger, desto stärker. Aus diesem Grund eignet er sich auch hervorragend als Sinnbild für die Hindernisse, die jeder Mensch im Verlauf seines Lebens zu meistern hat. Dazu kommen die Verwandtschaftsverhältnisse des Bestimmungswortes »Hindernis«: Schon im Mittelalter waren hindern und behindern eng verknüpft – im Sinne von »hemmen, störend aufhalten, jmdm., einer Sache hinderlich sein, im Wege stehen«. Aus dem Partizip wurde schließlich die Bezeichnung »Behinderte« abgeleitet. Laut dem *Sozialgesetzbuch* Buch neun, Artikel zwei gelten Menschen als behindert, »wenn ihre körperliche Funktion, geistige Fähigkeit oder seelische Gesundheit mit hoher Wahrscheinlichkeit länger als sechs Monate von dem für das Lebensalter typischen Zustand abweichen und daher ihre Teilhabe am Leben in der Gesellschaft beeinträchtigt ist«. Der Hindernislauf gefällt mir, weil sich mit ihm ein laufendes Behindertwerden oder Behindertsein andeuten lässt, ohne dass man sich im Vorfeld begrifflich zu stark festlegen müsste, worin die jeweilige Behinderung besteht, was genau sie ausgelöst hat und wie mit ihr umzugehen ist. Auch wenn mir die eigenwillige Positionierung als Hindernisläuferin vielleicht die Kritik von Autisten mit größerem Leidensdruck einbringt, gekoppelt mit dem Vorwurf, dass ich mit meinem Doktorhütchen ohnehin gar nicht richtig autistisch sein könne: Kaum einer wird bestreiten können, dass es andere – und weit größere – Hindernisse im Leben gibt als ein autistisches Eigenschaftscluster in der Ausprägung, wie ich es aufweise. Im Arztbrief wird mein Lebensbericht demnach, ich wiederhole es noch einmal, wie folgt bewertet: »[Es ist] Ihnen in Ihrem bisherigen Leben unter dem Strich trotz der mit diesen Eigenschaften verbundenen Schwierigkeit immer gut gelungen, Ihr Leben insgesamt zufrieden stellend [sic] zu organisieren.« Ich stimme zu: Unter dem Strich lief es gut. Dieses Resümee darf jedoch nicht darüber hinwegtäuschen, dass ich zeitlebens mit Hindernissen der besonderen Art konfrontiert wurde. Der Hindernislauf ist auch eine Bestandsaufnahme. Mit ihm nehme ich das Fazit dieses Abrisses vorweg und weise gleich zu Beginn darauf hin, dass selbst gut funktionierende Autistinnen in dieser Welt auf lange Sicht einen schweren Stand haben: Denn vieles, was andere in spielerischer Leichtigkeit schaffen, bedeutet für sie Schwerstarbeit, sie handeln tagtäglich ihrem Wesen zuwider und leben in Energiefragen über ihre Verhältnisse. Kaum einer sieht die Hindernisse in ihrem Kopf, die am laufenden Band übersprungen werden müssen, bis die Energieversorgung durch die Überbelastung irgendwann zusammenbricht, die »normale« Fassade zu bröckeln beginnt, und sich das Umfeld angesichts eines unmaskiert hervortretenden Autismus verwundert die Augen reibt. Obwohl der Autismus bei mir keinen Krankheitswert besitzt und ich in der Vergangenheit wirksame Umgehungsstrategien und Rückzugsräume gefunden habe, bin ich nach nunmehr fast vier Jahrzehnten erschöpft. Lebenslange Hindernisläufe hinterlassen ihre Spuren. Ich bin erschöpft von den vielen Jahren des Nichtwissens, den unzähligen sozialen Sollvorstellungen, den vergeblichen Anpassungsversuchen, den gläsernen Trennungslinien. Es ist ein soziales Ausgebranntsein, das ich seit geraumer Zeit verspüre, es hat wenig mit meiner Arbeit zu tun und viel mit den Menschen. Der Autismus hat mein Leben entscheidend geprägt. Dies zeigte sich zunächst innerhalb der Familie, später im Beziehungs- und im Arbeitsleben. So seltsam es klingen mag, aber die erste Hürde, die wir als Familie zu überwinden hatten, sollte mit einer schwungvollen Rolle vorwärts genommen werden, was kläglich scheiterte – und zwar an mir.

Igelkind

An die Purzelbäume, die mein Vater auf offener Straße machte, um mich als Kleinkind aus der Reserve zu locken, erinnere ich mich nicht mehr. Auch sie sind nur als Familienanekdoten überliefert, was sie allerdings nicht weniger wichtig macht, zeigen sie doch exemplarisch, dass sich meine Adoptiveltern von Anfang an für mich auf den Kopf gestellt haben, dass sie mich geliebt und gefördert haben, ein Leben lang. Sie können zudem als ein Indikator gelesen werden, dass ich bereits als knapp Zweijährige Verhaltensauffälligkeiten zeigte – ich verzog angesichts der Purzelbäume keine Miene. Hätte man meine Eltern zu dem Zeitpunkt gefragt, warum das mit mir und den Purzelbäumen wohl so sei, hätten sie wahrscheinlich in Richtung posttraumatischer Belastungsreaktionen argumentiert, was ganz sicher mit ein Faktor war, schließlich war ich für mein Alter zwar geistig topfit, motorisch aber unterentwickelt und klinisch unterernährt, hatte Streichholzärmchen und eine erbärmliche Hühnerbrust, so dass sich meine Eltern anfangs verzweifelt fragten, ob sich das alles je zurechtwachsen würde. Ja, das hat es, dank guter Fütterung und liebevoller Pflege sogar zügig. Wer aus den Purzelbaumszenen schließt, ich sei generell ein lahmes und lustloses Kind gewesen, der irrt sich. Ich war immer ein Temperamentsbündel und konnte sehr willensstark und leidenschaftlich sein, wenn ich etwas oder jemanden in mein Herz geschlossen hatte. Die Sache war nur die: Einige Verhaltensauffälligkeiten hielten sich hartnäckig. Ich blieb auf mich bezogener als andere Kinder, ich blieb – ein Igelkind. Obwohl ich das Buch *Ich Igelkind* von Katja Rohde, einer Autistin, bisher nicht gelesen habe, liebe ich diesen Titel. Kennzeichnend für die einzelgängerisch veranlagten Stacheligel ist ihre Fähigkeit, sich bei Bedarf zu einer Stachelkugel zusammenzurollen, was sie zu einem perfekten Sinnbild für den Rückzug eines Autisten in seine Welt macht. Hinzu kommt, dass der Name meiner Familie seit den fünfziger Jahren mit dem Redaktionsmaskottchen der Zeitschrift *Hörzu* assoziiert wird, mit Mecki und seiner putzigen Igelfamilie, was den Braunbrustigel über die Jahrzehnte zu einer Art Familienwappen hat werden lassen. In meinem Elternhaus gab es immer irgendwo Mecki-Varianten – aus Gummi, aus Holz, aus Messing, aus Papier, aus Stein, aus Stoff, aus Stroh, aus Ton, aus Zapfen. Werfe ich nun trotz bestehender Erinnerungslücken einen Blick zurück, dann waren es neben einigen stacheligen Wesenszügen vor allem meine Einigelungstendenzen zum Schutz oder zum Spiel, die mich in mustergültiger Weise zu einem Igelkind machten.

Einen Vorgeschmack darauf, wie schwer es sein würde, ein Kind in die Familie aufzunehmen, das sich hinter seinen Schutzwällen erstaunlich gut eingerichtet hat und sich in seiner Welt am wohlsten fühlt, erhielten meine Eltern bereits, als ich zur Probe die ersten Wochen bei ihnen verbrachte: Ich ließ keinen an mich heran. Meine Eltern haben stets betont, dass sie ohne die tätige Mithilfe meines drei Jahre älteren Bruders – ihres leiblichen Kindes – keinen Zugang zu mir gefunden hätten. Er war zunächst der Einzige, der auf kindliche Weise einen

Draht zu mir herstellen konnte. Aber auch als es irgendwann mehr Drähte zwischen mir und meiner Familie gab, war es nicht einfach mit mir. Dass ich unter Trennungsängsten litt und Veränderungen jedweder Art hasste, führten meine Eltern damals zu Recht auf die Tatsache zurück, dass ich zu früh zu viel Instabilität erlebt hatte. Meine Mutter konnte nirgends allein hingehen, ohne dass ich durchdrehte. Während sich die Angst vor Trennungen mit der Zeit normalisierte, blieb die Angst vor Veränderungen konstant: Ich kam mit Veränderungen deutlich schlechter zurecht als andere Kinder. Ich wollte alles möglichst gleich haben – die Umgebung, in der ich lebte, die Personen, die um mich herum waren, das Essen, das ich aß, die Wege, die ich ging, die Spiele, die ich spielte. Dieser Hang zum Immergleichen wiederum stand in Wechselwirkung mit meiner Gemütslage. Wenn etwas anders lief, als ich es mir vorgestellt hatte oder als es geplant war, konnte meine Stimmung in Sekundenschnelle umkippen – als »Himmelhoch jauchzend,/Zum Tode betrübt« beschrieb mich meine Großmutter väterlicherseits, wissentlich oder nicht das Clärchen aus Goethes *Egmont* zitierend. Ähnliche Stimmungsverdüsterungen wurden aktiviert, wenn ich anderweitig überreizt wurde. Reizfaktoren waren neben lästigen Blickzwängen – »Würdest du mir bitte in die Augen schauen, wenn ich mit dir spreche?!« – und dem Neonlampenterror in Supermärkten und Einkaufszentren vor allem Geräuschbelästigungen. Was meine Eltern nicht einmal zu hören schienen, konnte ich bereits als Belästigung empfinden. Diese Lärmempfindlichkeit nahm mit den Jahren eher zu als ab und erreichte in der späteren Gymnasialzeit einen ersten Höhepunkt, bezeichnenderweise als ich ständig Glanzleistungen vollbringen wollte und den Trick mit dem knallbunten Schaumstoff aus dem Hause *Ohropax* noch nicht entdeckt hatte. Zu jener Zeit achtete ich penibel auf meine neun Stunden Schlaf und ging früh zu Bett. Das Problem war nun, dass Gesprächsfetzen oder leise Musik aus den Nachbarzimmern ausreichten, um mich um meinen Schlaf – und um meine Fassung – zu bringen. Das ging häufig so weit, dass ich mich wie ein garstiger Pumuckl im Schlafanzug in der Wohnzimmertür aufbaute und Ruhe einforderte, was meine Eltern in Rage versetzte. Sie haben sich oft gefragt, meist selbstkritisch gefragt, warum ich derart geräuschempfindlich war, und witterten unterschwellige Stellvertreterkonflikte – darauf, dass ich tatsächlich ein anderes Reizverarbeitungssystem haben könnte, kamen sie nicht. Wer kann es ihnen verdenken? Eines aber steht fest: Sie hielten diese Koboldauftritte nicht in erster Linie für ein sensorisches Problem, sondern für ein soziales. Insgesamt zeichnete sich im Bereich des familiären Miteinanders bis ins Erwachsenenalter hinein eine Asymmetrie ab, auf die ich alles andere als stolz bin: Während meine Eltern alles daran setzten, meine Welt zu verstehen, brachte ich relativ wenig Verständnis für die ihre auf.

Vor einiger Zeit bin ich beim Lesen diverser Internetdebatten zum Thema *Sind Autisten egoistisch?* in einem Forum namens *Salutaris* über einen Satz gestolpert, der mir aufgrund seiner Bildhaftigkeit im Gedächtnis haften blieb. Er stammt von einem hochfunktionellen Autisten, der sich »sternentheater« nennt: »Ich kreise um mich selber und komme mir vor wie der Mittelpunkt meines eigenen Sonnensystems.« Genauso war es mit mir. Ich sah mich zwar als Mitglied einer Familie, die ich liebte, war aber trotzdem nur bedingt in der Lage, mich auf die anderen Familienmitglieder einzulassen. Heute würde ich sagen, dass ich in sozialen Angelegenheiten Störungen aufwies. Wenn ich aber spontan in der *Wikipedia* nachschlage, was man unter einer Sozialstörung versteht, dann möchte ich hinzufügen: Nein, so schlimm war es nun doch nicht mit mir, weder als Kind noch als Teenager. Ich war nicht gemein oder gar grausam und geklaut habe ich als Kind allenfalls die Schokoladenfigürchen im Familienadventskalender. In meinem Fall zeigte sich das soziale Manko vielmehr in vielen kleinen Egozentrismen und Rücksichtslosigkeiten und in dem erwähnten mangelhaften Einfühlungsvermögen. Was ich unter der Rubrik »Verstrickung« geschrieben habe, war also schon früh ein

Thema: In vielen Situationen hatte ich entweder wenig Raum für oder wenig Einblick in die Gedanken und Gefühle anderer, zumindest nicht in Alltagsdingen. Beispiele dafür gibt es viele. Die Türangelattacken etwa lassen sich wie folgt zusammenfassen: Ich kam grundsätzlich zum falschen Zeitpunkt mit meinen Geschichten an, vorzugsweise dann, wenn meine Mutter nach einem langen Arbeitstag um Luft ringend und mit zehn Einkaufstüten beladen in der Haustür stand. Auch meine Tischfluchten waren legendär: Wenn es beim Essen um mich oder meine Themen ging, war ich Feuer und Flamme und ging so im Gespräch auf, dass ich das Essen vergaß; wenn es nicht um mich oder meine Themen ging, wurde ich wortkarg und müde, aß in Windeseile meinen Teller leer und zog mich zurück. Und dann gab es da noch das rätselhafte Erschöpfungssyndrom, das mich bis heute überfällt, wenn Forderungen an mich gestellt werden, die ich ungern erfülle. Bei den häuslichen Pflichten war gewiss eine Portion Faulheit mit am Werk, wenn ich als Kind den Bitten meiner Mutter nur widerwillig nachkam: Ich wollte einfach lieber lesen als den Tisch aufdecken oder die Spülmaschine ausräumen. Bei den sozialen Pflichten aber ging es um mehr als Faulheit: Es gibt genügend Fallbeispiele, die belegen, dass ich wesentlich mehr Energie benötigte, um mich in sozialen Situationen zurechtzufinden, geschweige denn wohlzufühlen, vor allem wenn sie mir ungelegen kamen oder Themen, die mich nicht ansprachen, oder Menschen, die ich nicht mochte, mit sich brachten. Dennoch stellt sich die Frage: Konnte ich nicht oder wollte ich nicht? Ich würde sagen: Manchmal konnte ich nicht und manchmal wollte ich nicht, Letzteres in der Regel, weil ich es leid war, in Gesellschaft ständig so tun zu müssen, als ob. Ich glaube, dass der offen zur Schau getragene Mangel an sozialem Interesse meine Familie besonders traf, zumal er untrennbar mit meinen Rückzugstendenzen verbunden war.

Meine Eltern sind stets ihren Weg gegangen, was sich schon daran zeigte, dass sie die Skeptiker unter den Verwandten ignorierten und ein kroatisches Kleinkind zu sich nahmen; sie hatten aber zweifellos feste

Vorstellungen davon, wie ein »normales« Kind sich zu betragen und wie eine »ideale« Familie für sie auszusehen habe. Während ihnen mein vergleichsweise pflegeleichter Bruder täglich bewies, wie erfüllend ein solches Leben als Familie war, durchkreuzte ich ihre Pläne von gelebter Gemeinsamkeit immer wieder durch mein bloßes Sosein. Erst wollte ich nur meine Spiele spielen, dann wollte ich nur meine Bücher lesen. Als ich kurz vor meinem siebten Geburtstag in die Schule kam, nahm das Abtauchen neue Dimensionen an: zum einen, weil ich mich nun viele Stunden am Tag auf engem Raum mit anderen Kindern konfrontiert sah und vermehrt soziale Pausen brauchte, und zum anderen, weil ich das Lesen für mich entdeckte. Nichts hat mein Leben mehr verändert als das Lesen. Es fing an mit der Kinderbibel und typischer Mädchen- und Kinderliteratur, am liebsten mehrbändrige, und es ging über die Jahre weiter mit unzähligen Werken der schönen und schließlich der wissenschaftlichen Literatur. Bücher wurden zu meiner großen Liebe. Besitzen wollte ich sie nie, ich wollte sie nur lesen, das aber tat ich obsessiv, zu Gymnasialzeiten lieh ich sie mir zentnerweise aus der Stadtbibliothek aus. Wenn ich in der Freizeit nicht gerade meine Bahnen schwamm, saß ich in meinem Zimmer und biss mich wochenlang an einem Autor oder einer Gattung oder einem Thema fest. Als Teenager entwickelte ich darüber hinaus noch eine Vorliebe für eine mädchentypische Variante des partiellen Rückzugs, die meine Familie jeden Tag zur Weißglut trieb: Ich verbarrikadierte mich im Arbeitszimmer und blockierte über Stunden das Telefon, um mit meiner besten Freundin ein Thema durchzukauen. Ich kann es drehen und wenden, wie ich will: Meine Eigenarten gingen zu Lasten unseres Familienlebens. Man stelle sich die Situation vor: Für meine Eltern stand das Leben als Familie im Mittelpunkt, für mich die Arbeit mit Texten und Themen. Sie wollten gemeinsam in den Wald gehen, Freunde und Familie besuchen, ein Spiel spielen, einen Film sehen, ich wollte allein sein oder lesen oder mit ihnen über meine Interessen reden, immer und überall. Meine Eltern konnten diese Fixierung auf

Spezialinteressen zwar manchmal nicht verstehen, sie haben meine Leidenschaften aber immer tatkräftig unterstützt, auch als ich zum Studium auszog und regelmäßig in meinen Kursarbeiten verschwand. Obwohl wir im Erwachsenenalter ein sehr gutes Verhältnis zueinander hatten, gab es noch vereinzelt Situationen, in denen unsere Weltsichten und Bedürfnislagen aufeinanderstießen und für Reibungen sorgten.

Ein Zusammenstoß der Welten ereignete sich im letzten Magisterjahr. Zu diesem Zeitpunkt war ich stärker als sonst mit mir selbst beschäftigt: Das Austauschjahr in Waterloo hatte an mir gezehrt, das dreiteilige Endexamen in Politikwissenschaft stand an und neben den zwei Examenskolloquien arbeitete ich in der Bibliothek und gelegentlich in der Marktforschung. Während ich mein Leben so eintönig wie möglich halten wollte und in strikt geregelten Tagesabläufen Zuflucht suchte, standen bei meinen Eltern Veränderungen an, unter anderem der Umzug in eine Wohnung. Meine Mutter erzählte mir am Telefon davon und fragte, ob ich zum Umzug kommen könne. Ich verneinte. Bevor ich nun in die Schublade des missratenen Kindes gesteckt werde, das seine Eltern wegen eines noch nicht unmittelbar bevorstehenden Examens im Stich lässt, möchte ich drei Punkte hinzufügen. Punkt eins: Es herrschte keine Not am Mann. Ich wusste, dass meinen Eltern durch den großen Freundeskreis meines Bruders genügend Helfer zur Verfügung stehen würden, sprich: dass meine Hilfe (objektiv betrachtet) nicht nötig war. Punkt zwei: Umzüge waren seit jeher heikle Angelegenheiten und mir drehte sich schon beim Gedanken an sie der Magen um, zumal ich in dem Jahr bereits welche hinter mir hatte. Punkt drei: Ich steckte mitten in den Examensvorbereitungen und sah überall nur Verträge und Verfassungen. Ich sagte ihr all das und sie schwieg. Ich hakte nach: »Verstehst du das?« Sie sagte: »Kein Problem!« Genau das war das Problem: Sie sagte »kein Problem« und ich verstand »kein Problem«. Eine typische Sprachfalle schnappte zu: Ich nahm ihre Worte wörtlich und kam nicht auf die Idee, dass es bei dieser Anfrage um mehr gehen könnte als um das

Tragen von Gegenständen von Haus zu Haus. Im Gegenteil: Ich fühlte mich verstanden und war erleichtert, dass ich das Problem »Umzug« mit mütterlicher Einwilligung aus meinem Kopf verbannen durfte. Den Tag des Umzugs verbrachte ich wie angekündigt in der Bibliothek. Insgeheim muss meine Mutter jedoch weiter gehofft haben, dass ich doch noch am Ort des Geschehens auftauchen würde, denn erst am Tag danach gab es ein Donnerwetter – und ich wusste immer noch nicht, was das Problem war. »Du hattest doch gesagt, es sei kein Problem?« Erzürnt legte sie den Hörer auf und sprach einige Wochen kaum mit mir. Später einigten wir uns darauf, dass ich etwas gegen meine Tunnelsichtweisen tun müsse und sie ihre Grundbedürfnisse nicht mehr durch die Blume mitteilen dürfe. Rückblickend bin ich mir sicher, dass es damals nicht um den Umzug als solchen ging, sondern um ein Zeichen der Zuneigung von meiner Seite. Die erbetene Umzugshilfe war ein Liebesbeweis, den sie nicht offen einfordern, geschweige denn erzwingen konnte, weil sie wollte, dass er freiwillig erbracht wurde – doch darauf kam ich nicht. Die Szene ist ein Hinweis, dass meine Mutter manchmal mehr unter meinen Sternentheater-allüren und Themenfixierungen gelitten hat, als sie es wohl vor sich oder anderen zugegeben hätte. Es vergeht kein Tag, an dem ich mir nicht wünsche, ich hätte die Gelegenheit gehabt, ihr vom Autismus zu erzählen. Diese Aussage des Bedauerns soll aber nicht das letzte Wort haben; vielmehr möchte ich diesen Abschnitt mit einem Satz über das Glück beenden. Frédéric Beigbeder schreibt im neuen *französischen Roman* über sein Kindsein: Es habe wie Glück ausgesehen, sich aber nicht wie Glück angefühlt. Wenn ich ein Kindheitsfazit ziehen müsste, würde ich stattdessen sagen: Es sah nicht immer aus wie Glück, aber es fühlte sich ziemlich oft an wie Glück. Und es fühlte sich wie Glück an, weil ich tief im Innern wusste, dass ich, Igelkind, Eltern gefunden hatte, die mich allen Stachelkugeln zum Trotz so annahmen, wie ich war. Über mein Verhältnis zu Gleichaltrigen lässt sich leider, sehe ich von wenigen Ausnahmen ab, kein solches Positivurteil fällen, was in der Schulzeit übrigens auch daran lag, dass ich im Purzelbaumschlagen nie so gut war wie mein Vater.

Buhmädchen

»I am not really a *Facebook* girl«, schrieb ich entschuldigend in meiner Absage an den unbekannten Engländer, der mir im Sommer vorletzten Jahres überraschend eine Freundschaftsanfrage geschickt hatte. Er nahm es mit Humor. Mein Versuch mit *Facebook* war ein Reinfall: *Facebook* machte Soziales schwerer, nicht leichter. Lange hatte ich gezögert, die Einladung einer Schulkameradin anzunehmen. Paradoxerweise waren es genau die gläsernen Trennungslinien, die ich zwischen mir und den Menschen spüre, die den Ausschlag gaben, mich am Ende dort anzumelden. Die Hoffnung, die ich mit *Facebook* verband, fasste ich in der ersten Woche als Antwort auf die verblüfften Bemerkungen einiger Kollegen an meiner Pinnwand in Worte: Vielleicht gelinge es ja einem sozialen Netzwerk, einen Einsiedlerkrebs wie mich aus dem Häuschen zu locken. Kurz: Ich wollte vernetzter sein, sozialer werden. Diese Hoffnung erfüllte sich nicht, nach wenigen Monaten hatte ich genug. Das lag erstens an der Aktivierung meiner Fluchtinstinkte: Obwohl ich anfing, die ständige Aufmerksamkeit zu genießen, ja mehr noch, sie zu brauchen, lösten die daraus resultierenden sozialen Erwartungshaltungen Abschottungsimpulse aus. Das lag zweitens an meinem mangelhaften Verständnis der Inszenierungsregeln: Auf *Facebook* war es wider Erwarten wie im realen Leben – mir fehlte nicht nur die Lust an der Selbstdarstellung und dem Smalltalk, sondern oft auch das Gespür, was ich wo, wann, wie schreiben konnte, ohne in eine der vielen Kommunikationsfallen zu tappen: zu direkt, zu indirekt, zu offen, zu verschlossen, zu ernst, zu witzig, zu lang, zu kurz, zu dies, zu das. Und drittens lag das an der unliebsamen Konfrontation mit meiner Vergangenheit, womit ich nicht etwa bösartige Exfreunde meine, die es glücklicherweise in meinem Leben nicht gab, sondern bösartige Schulkameraden. Das Problem war nicht die eine Schulkameradin, die mich in diesen Onlineklub eingeladen hatte – ich habe sie als warmherzigen Menschen in Erinnerung und bin ihr noch dazu zu lebenslangem Dank verpflichtet: Sie bewahrte mich vor dem Ungenügend in Mathe, indem sie mich die Hausaufgaben abschreiben ließ. Das Problem waren die anderen, die dieser Kontakt durch die Vernetzungen bei *Facebook* zwangsläufig mit sich brachte, und sei es nur in Form von Freundschaftsvorschlägen oder Gefällt-mir-Optionen. Überall blickten mir nun die grinsenden Gesichter früherer Quälgeister entgegen – es war nicht zum Aushalten. Ich meldete mich ab.

Meine Gymnasialzeit war eine Hölle für sich. Schuld daran waren nicht die Lehrkräfte oder das Arbeitspensum, ich machte trotz Mathe als bestes Mädchen meines Jahrgangs das Abitur. Die Hölle, das waren die anderen, wie Jean-Paul Sartre es einst im Präsens in der *Geschlossenen Gesellschaft* formulierte, meine Hölle, das waren die anderen Schüler. Als Corinne Maier in ihrem Skandalbuch *No Kid* Kinder zu Monstern erklärte, ging ein Aufschrei durch deutsche Feuilletons und Internetforen. Obwohl mir das Buch stellenweise zu flapsig geschrieben ist, kann ich bei einigen Aussagen nur nicken. Auch ich habe gruselige Erfahrungen mit Heranwachsenden gemacht, die die Maier'sche Monsterthese stützen. Zwar ging es bei mir nicht so zu wie bei Ben in *Ben X,* der sich am Ende nur durch einen vorgetäuschten Selbstmord von seinen Peinigern befreien kann. Dennoch war meine Schulzeit eine Tortur. Im Kindergarten ging es noch, weil die Kinder um mich herum recht friedliebend waren und ich eine beste Freundin hatte, mit der ich durch dick und dünn ging. In der Grundschule wurde der Weg steiniger, weil ich ein Jahr vor Beginn und ein Jahr vor Abschluss einen Umzug zu verkraften hatte, der meine Welt über Monate kopfstehen ließ: Von Hamburg aus ging es nach Hessen und von Hessen aus in die Pfalz. In der vierten Klasse stand ich abseits und hatte keine Freunde in der Schule, wurde aber weitestgehend in Ruhe gelassen.

Das änderte sich im Gymnasium schlagartig. Ich möchte vorwegnehmen, dass ich mit meiner Klasse einfach auch Pech hatte. In ihr gab es überproportional viele unreife, profilierungssüchtige Jungs, die eine sehr ungute Klassendynamik in Gang setzten, welche andere ebenfalls zur Verzweiflung trieb, unter anderem meine spätere beste Freundin, über die man noch in der Abizeitung dummdreist schrieb: »Wer ist das?« Die Zeit an dieser Schule war in sozialer Hinsicht kein Lauf mit Hindernissen, sie war ein einziges Hindernis. Ich wurde zum Buhmädchen – bei jeder Gelegenheit ausgegrenzt, angeschwärzt, ausgelacht, ausgebuht, die ganze Mittelstufe hindurch. Es gab kaum einen Tag, an dem ich ungeschoren davon kam, an dem keine Grimassen hinter meinem Rücken geschnitten wurden, an dem ich nicht mit Zetteln beworfen oder an den Haaren gezogen oder mit Schmähworten bedacht wurde. Erst in der Oberstufe lies der Schülerterror nach, vielleicht, weil ich hübscher wurde und einen Freund in Paris hatte, vielleicht, weil einige der Jungs endlich erwachsen wurden. Die Tatsache, dass ich mich auch in meinem Schwimmklub stets ein wenig abseits fühlte, ohne allerdings gemobbt zu werden, lässt vermuten, dass ich innerhalb anderer Klassenverbände ebenfalls eine Sonderstellung eingenommen hätte, sehr wahrscheinlich aber keine derart traumatische wie an meiner Schule. Warum wurde ich zum Mobbingopfer? Ich sehe drei Gründe.

Erstens: Ich war eine Niete im Schulsport. Ich beziehe mich hier bewusst nur auf den Sport in der Schule. Denn während ich beim Schwimmen Erfolge feierte – mit dreizehn wurde meine Staffel bei den Deutschen Meisterschaften Jahrgangsvize –, brachte ich im Schulsport wenig zustande. Der Sport an meiner Schule wurde bestimmt durch Leichtathletik, Gymnastik, Geräteturnen, Ballspiele – und in all diesen Sportarten war ich unterdurchschnittlich bis schlecht. Das hatte rückblickend vor allem körperliche Ursachen: Obwohl ich durch das tägliche Schwimmen von Kopf bis Fuß durchtrainiert war, hatte ich gewisse Probleme mit der Koordination und Konzentration, mit dem

Gleichgewicht und der Gelenkigkeit, mit dem Reaktions- und Raumsehvermögen. Und weil ich diese Probleme hatte, hatte ich Angst: Angst davor, mir bei den Verdrehungen am Barren das Genick zu brechen, zum hundertsten Mal die Aerobicübungen zu vermasseln und, in gruppendynamischen Angelegenheiten am fatalsten, ich hatte Angst vor Bällen. Bälle kamen für mich immer zu schnell, zu unerwartet, zu hart angeflogen. Dass mich beim Ballspielen keiner in der Gruppe haben wollte, fand ich verständlich. Wer setzt beim Volleyballspielen schon auf jemanden, der sich vor Bällen instinktiv duckt oder vor ihnen davonläuft? Weh tat es trotzdem. Ich sehe mich noch auf dem Boden sitzen, sehr gedrückt und leicht gebückt, den Blick starr nach unten oder in die Weite gerichtet, vergeblich hoffend, entweder unsichtbar oder gewählt zu werden, um nicht wieder als letztes Überbleibsel in den Blickpunkt zu geraten, um der erniedrigenden Zwangszuteilung durch die Lehrerin zu entgehen, um die entsetzten Blicke der anderen Mädchen nicht erdulden zu müssen: »Die? Bei uns? Wir können einpacken!« Nichts war mir so verhasst wie der Schulsport. An den Wochenenden trippelte ich bei landesweiten Schwimmwettbewerben das Siegertreppchen empor, unter der Woche saß ich wie der letzte Loser auf dem Boden dieser Turnhalle und wurde mit deftigen Blicken und Worten traktiert. Diese drangen umso tiefer in mich ein, als dass ich mich auch sonst phasenweise ziemlich unwohl in meiner Haut fühlte.

Zweitens: Ich sah anders aus. Meine Geschichte ist nicht nur die Geschichte einer unerkannten Autistin, die viele Jahre so sein wollte wie alle anderen und doch immer anders blieb. Es ist auch die Geschichte eines langen Kampfes, als Adoptivkind mit ausländischen Wurzeln im Deutschland der siebziger und achtziger Jahre seinen Platz zu finden. Da das Gymnasium auf dem Land gelegen war, gab es wenige Schüler mit Migrationshintergrund und meines Wissens niemanden aus dem ehemaligen Jugoslawien. Jedes Mal, wenn wir einen neuen Lehrer bekamen, musste ich das erwähnte J in meinem Vornamen erklären, und jedes Mal war es mir unangenehm, zumal jedes wohlwollende Wort eines Lehrers die Tuschler und Tratscher gleich mit auf den Plan rief. Ich wollte in der Schule sein wie alle, das J stand für das Fremde und Entwurzelte. Auch mein Gesicht empfand ich als zu anders – »a *Mediterranean* face«, rief mir einmal ein Spanier zu, als ich auf dem Campus in Waterloo einen Raum betrat. Zu Recht: Ich bin ein Kind der Adria und in meinen Zwanzigern war ich stolz darauf, wenn mich Menschen von Málaga bis Istanbul für eine Landsmännin hielten. Aber damals, vor allem in der Pubertät, da fand ich den Olivstich meiner Haut abscheulich, zupfte mir wie wild die Augenbrauen aus und tat meiner Haarfarbe so lange Gewalt an, bis ich tatsächlich ziemlich zerrupft und gescheckt aussah, noch verstärkt durch wuchtige Kassenbrillen und monotone Kleidervorlieben. All das besiegelte mein düsteres Schicksal in der Klasse und machte mich über Jahre zur beliebtesten Spottfigur: »Ist die hässlich!« Oft ging es bei den Lästereien übrigens auch um meinen Gang. Ob dieser sich wirklich von dem meiner Klassenkameraden unterschied, ist mehr als fraglich. Vielleicht wirkte ich ungelenker als andere und in den Hochphasen des Mobbings auch unsicherer. Wie dem auch sei – noch in der zehnten Klasse machte sich ein Dreizehntklässler, übrigens ein Matheass, darüber lustig und erntete Gelächter für seine Nachahmungen: »Die watschelt ja wie eine Ente!« Ich sehe eine ausgleichende Gerechtigkeit darin, dass ich wenige Jahre später aufgrund meiner angeblich grazilen Körperbewegungen häufiger für eine Tänzerin gehalten wurde. Aber zurück zur Gangszene: Sie ähnelte der in dem Film *A Beautiful Mind,* in dem sich einige Studenten über John Nash amüsieren und ein Student seinen Gang nachäfft, als er das Campusgelände verlässt. Dass in dem Film ein schlurfender Gang mit einem in sich versunkenen Geist in Szene gesetzt wird, legt nahe, dass es bei Hänseleien dieser Art oftmals weniger um körperliche Eigenarten geht als um charakterliche. Anders gesagt: Viele Mitschülerinnen sahen zerrupfter aus als ich und schlurften über den Gang und wurden nicht gemobbt – ihnen wurde allerdings auch sonst kein *Wrong-Planet-Syndrom* unterstellt: »Hast du sie noch alle? Wo bist du denn her? Vom Melmac?«

Drittens: Ich war anders. Die ganze Schulzeit hindurch gab es diese unerklärliche Kluft zwischen mir und meinen Mitschülern. Sie verwirrten mich nicht nur mit dem, was sie sagten oder taten. Es schien einfach keinen Nenner zwischen uns zu geben, über den man sich hätte verständigen können, es schien kein Thema zu geben, keinen Ort, nirgends. Dabei war es nicht einmal so, dass man mich im Pausenhof nur über ein Spezialthema philosophieren hörte – dann wäre die Lage wohl vollends eskaliert. Wann immer ich jedoch versuchte, mich meinen Mitschülern anzunähern, etwa indem ich ein Gespräch ankurbelte, mich an einem ihrer Spiele zu beteiligen suchte oder den Klassenclown spielte, ging früher oder später etwas schief. Die Wahrheit ist: Ich konnte nichts mit ihnen anfangen und sie nichts mit mir, ich fühlte mich mit ihnen unbehaglich und sie mit mir. Es war, als würden wir nicht die gleiche Sprache sprechen und doch sprachen wir alle Deutsch. Während ich heute gern isoliert lebe, litt ich zu Schulzeiten an meiner Außenseiterrolle. Mit jedem gut Freund zu sein, war nie mein Ziel; ich hätte aber viel darum gegeben, die Situation mit den Klassenkameraden erträglicher zu machen. Eine Szene ist mir als besonders schlimm in Erinnerung geblieben. Eine Mitschülerin hatte mich zu ihrem Geburtstag eingeladen, es muss in der siebten oder achten Klasse gewesen sein. Ich hatte mich gefreut, weil ich nicht oft eingeladen wurde, und meine Eltern hatten mich ins Nachbardorf gefahren. Die Feier fand im Garten des Hauses statt – aber leider nicht mit mir. Statt Spiel und Spaß gab es Schimpf und Schande. Alle fühlten sich durch mich gestört, keiner wollte sich mit mir abgeben und das Geburtstagskind schwenkte um. Ich wurde so schnell so schlimm angefeindet, dass die Eltern des Mädchens meine Eltern anriefen, um mich umgehend wieder abholen zu lassen. Ich fühlte mich schrecklich und schämte mich für mich, hatte jedoch gleichzeitig die Nase voll: Ich wusste, dass ich anders war, ich wusste aber auch, dass man andere nicht in dieser Weise behandelt. Das war die Zeit, in der ich anfing, meine Mitschüler aufzugeben. In den Folgejahren zog ich mich zurück und setzte alles daran, nur noch das zu tun, was ich gut konnte und was mich glücklich machte. Ich verfolgte meine Spezialthemen und vollbrachte in der Folge in fast allen Schulfächern Glanzleistungen und in der Oberstufe geschah es dann, das Wunder – die Buhrufe verwandelten sich in das leise Gekichere der hinteren Reihen und verstummten schließlich ganz. In der Eintragung zu meiner Person in der Abizeitung war die Welt in Ordnung – äußerlich, versteht sich. In mir sah es anders aus: Die Wunde »Schule« heilte schlecht und hinterließ eine Narbe, die noch immer schmerzt, wenn sie berührt wird. Mit den Mobbern über *Facebook* vernetzt zu sein, hieß vergeben oder verdrängen – beides war mir nicht möglich. Im Nachhinein denke ich, dass mein Autismus nicht nur eine Kernursache für das Mobbing war, sondern langfristig auch der beste Seelenschutz dagegen. Als erprobtes Igelwesen brauchte ich diese Menschen um mich herum nicht wirklich, zumal ich mir zu jeder Zeit das bewahren konnte, was ich wirklich brauchte: eine echte Freundin an meiner Seite, die ähnlich viel Tiefgang hatte wie ich selbst.

Tiefgängerin

Hamburg ist Heimat, auch nach all den Jahren. Wenn ich an Hamburg denke, denke ich nicht nur an die vorzüglichen Heilbuttbrötchen am Hafen, ich denke an Hagebutten und an meine Hamburger Freundin. In dem Stadtteil, in dem wir mit unseren Familien wohnten, gab es überall Heckenrosensträucher, die bis in den Winter hinein blassrote Hagebutten trugen. Direkt vor meiner Haustür war eine höhlenartige Nische, in der man sich wunderbar verstecken konnte, geschützt durch den stacheligen Wildwuchs und die angrenzende Mülltonne. Genau da saßen wir an dem Tag, an dem meine Familie in eine Kleinstadt bei

Frankfurt umsiedeln sollte, der Umzugswagen stand bereit. Durch die Freundschaft unserer Eltern hatten wir uns kennengelernt und waren seitdem unzertrennlich. Der Umzug traf uns als Sechsjährige wie ein Schlag – und an jenem Morgen saßen wir unter den Hagebutten, versprachen uns viele Sommer und eine Reise zu zweit. Aus der Reise ist nie etwas geworden, aber noch heute fühlt es sich bei jedem Telefonat an, als würden wir wieder zusammen unter den Hagebutten sitzen. Unter der Rubrik *Autistic Disorder* führt die *American Psychiatric Association* im *DSM*-IV zu den qualitativen Einschränkungen im sozialen Bereich an, dass Beziehungen zu Gleichaltrigen nicht dem Entwicklungsstand entsprechen, und stellt einen Mangel an Hinwendung zu Gleichaltrigen fest, an geteilter Aktivität und Freude. Auf vielen Informationsseiten zum Autismus findet sich dementsprechend der Hinweis, dass Autisten keine Freunde haben können oder wollen. Einige Tage bin ich um meinen Schreibtisch gekreist, ohne mich aufraffen zu können, etwas zu diesem Aspekt in meinem Leben zu schreiben. Ich heiße nicht Antoine de Saint-Exupéry und mir fallen bei diesem Thema keine schönen Geschichten ein, in denen sich schlaue Füchse von blonden Prinzen zähmen lassen wollen. Zudem ist mir gerade bei diesem Abschnitt unbehaglich zumute: Der Druck ist bei diesem Thema hoch, Freundschaften gelten als wichtiger Bestandteil des sozialen Kapitals. Schon als Kind bekommt man von den Eltern zu hören, wie wichtig es sei, teilzunehmen in der Welt da draußen, mit anderen zu spielen, Freunde zu finden. Im Erwachsenenalter geht es vergleichsweise subtil zu: Man wird vielleicht nur beiläufig nach seinen Wochenendplänen gefragt oder danach, was die Freunde machen. Sagt man dann aber zum wiederholten Mal nicht das, was unterschwellig erwartet wird, erntet man schnell mitleidige bis entsetzte Blicke.

Unmittelbar bevor ich im Sommer 2009 nach Freiburg fuhr, hatte ich ein Gespräch, das beispielhaft zeigt, wie störend Fremdnormierungen sein können, wenn sie etwas zum Problem erklären, was eigentlich kein Problem ist. Da es mein letzter Tag in der Pfalz war, hatte ich mich zum Abschied mit meinem Bruder und seiner Frau auf einen Kaffee getroffen. Alles lief gut, bis die beiden sich danach erkundigten, ob wir denn viel mit unseren Bekannten in Mexiko-Stadt unternehmen würden und, als ich nicht mit der Sprache herausrücken wollte, wie viele Freunde ich denn seit meiner Rückkehr aus den Staaten dort gefunden hätte. Ich wich weiter aus, sie hakten weiter nach, bis ich schließlich bekannte: »nein« und »null«. Obwohl mir das mit den fehlenden Freunden vor Ort zu dem Zeitpunkt sehr gelegen kam, machte mir die Betroffenheit in ihren Gesichtern zu schaffen. Ich fühlte mich schlecht, zumal nun Erklärungen meinerseits fällig wurden, die das Unverständnis allenfalls vergrößern konnten: etwa die, dass ich mich absichtlich nicht auf Freundessuche begeben hatte, weil ich mit meinem Buch und meinem Mann genug zu tun hatte, oder die, dass die Telefonate mit alten Freundinnen meine sozialen Restbedürfnisse stillten. Ich nahm es ihnen nicht wirklich übel, dass sie nachgefragt hatten, spürte jedoch wenig Lust, mich für meinen Lebensstil rechtfertigen zu müssen. Ich murmelte etwas von Freiburg und Asperger, dann stand ich abrupt auf und verabschiedete mich. Etwas ratlos stand er nach unserer Umarmung in der Tür, mein großer Bruder, der mich oft verstehen wollte und doch nicht konnte. »Sagen Sie in solchen Situationen, dass Sie Asperger haben«, riet mir der Freiburger Professor, als ich ihm zwei Tage später diese Geschichte erzählte. Das hatte ich, Professor, wenn auch in der Möglichkeitsform, und es war nicht angekommen, eben weil sich viele Menschen nicht vorstellen können, dass man das mit den sozialen Kontakten anders halten kann, ohne deshalb ein verkümmertes Leben haben zu müssen. Ich gebe zu, dass ich wenige Menschen als Freunde bezeichne. Zurzeit sind das außer der erwähnten Hamburger Kinderfreundin aber immerhin zwei mehr, als man anhand der Aussagen der *American Psychiatric Association* vermuten könnte. Und wenn ich meinen Freundinnenbegriff ein bisschen erweitere, dann zähle ich noch zwei Frauen in Ontario und Massachusetts dazu sowie eine Freundin im

Werden in Mexiko-Stadt: die Besitzerin des vegetarischen Restaurants, in dem ich wochentags esse. Seit Unizeiten war es nie mehr so wie zu Buhmädchenzeiten, als kaum ein Mitschüler mit mir befreundet sein wollte, meistens war es sogar andersherum: Das Hindernis war ich, ich wollte nicht, ich sträubte mich, allerdings nicht bei jedem. Die Hagebuttenszene ist symptomatisch: Wenn ich an einem Menschen Interesse habe, dann bin ich durchaus freundschaftstauglich, auch wenn meine Freundschaften in der Tat etwas anders sind: einerseits inniger und langfristiger, andererseits distanzierter und kompromissloser. Wie passt das zusammen?

Fakt ist: Es ist nicht einfach, mein Freund zu werden. Bereits in der Kennlernphase bin ich unerbittlich: Wenn ich mich nicht sofort zu jemandem hingezogen und mich in seiner Gegenwart entspannt und angeregt zugleich fühle, wird es in den meisten Fällen keinen weiteren Kontakt geben, nicht mal ein Kaffeetrinken. Dazu kommt, dass neben einem ambitionierten charakterlichen Profil das thematische Profil passen muss. Tiefgang ist eine Bedingung für Freundschaft; an Verabredungen zum Smalltalk bin ich nicht interessiert, zumindest nicht in der Freizeit. Nebenwirkungen sind somit vor allem mit sogenannten Bekannten vorprogrammiert, womit ich nicht diejenigen meine, die man nur vom Sehen oder durch eine Funktion kennt, sondern diejenigen, die man bereits ausreichend privat hat erleben dürfen, aber dennoch nicht als Freund bezeichnen würde. Das Wort »Bekannter« hat für mich einen trüben Beigeschmack: Man ist bekannt, aber nicht befreundet, wozu also sollte man mehr Zeit zusammen verbringen als unbedingt nötig? Eine Ausnahme bilden wie angesprochen Menschen, die ich nur flüchtig kenne, mit denen ich aber durch ein Spezialthema verbunden bin; in diesen Fällen kann eine Begegnung ähnlich intensiv verlaufen wie mit einer Freundin. Es gibt übrigens einen Grund, warum ich im Folgenden von Freundinnen spreche. Im Leben sind mir zwar einige Männer über den Weg gelaufen, die sich als echte Seelenverwandte entpuppt haben und die man auch um Mitternacht anrufen konnte, um ein verdächtiges Rascheln abzuklären und nach imaginären Mäusen zu suchen. Da Freundschaften mit Männern in der Vergangenheit jedoch das Risiko der emotionalen Verstrickung mit sich brachten, verließ ich mich in diesem Punkt seit jeher lieber auf Frauen. Neben meiner Mutter hatte ich im bisherigen Leben immer (mindestens) eine Freundin, meistens vor Ort, die nicht nur wertvolle Gesprächspartnerin und unverzichtbare Ratgeberin war, sondern auch ein sozialer Rettungsanker mit Alibifunktion. Eine gute Freundin an meiner Seite zu wissen, war für mich oft ein willkommener Anlass, das Problem »Freundschaft« als gelöst zu betrachten und mich nicht mehr um andere zu bemühen.

In der Gymnasialzeit hatte ich zwei Freundinnen, eine in der Mittelstufe und eine in der Oberstufe; beide gehörten in der Klasse ebenfalls nicht zum »harten Kern«, den Insidern und ihren Gefolgsleuten, und konnten sich für die gleichen Themen begeistern wie ich. Hinzu kam für einige Jahre eine Schwimmfreundin, die nicht an meiner Schule war: Mit ihr drehte sich alles ums Schwimmen, um den Schwimmklub, um das Training, um die Wettkämpfe. Die Ereignisse rund ums Wasser verbanden uns; als ich den Leistungssport aufgab, riss dieses Band und wir hatten uns nichts mehr zu sagen. Zu Beginn des Studiums wurde mein Sozialleben vielseitiger. Nicht genug damit, dass meine Freundin aus der Oberstufe nach dem Ende der Schulzeit genauso aufblühte wie ich und zu einer Freundin fürs Leben wurde, ich lernte zudem am ersten Tag im Einführungskurs Literaturwissenschaft eine Kommilitonin kennen, mit der ich nach wie vor gut befreundet bin. An der Uni fiel es mir leichter, lockere Kontakte zu knüpfen: In den Seminaren traf ich Gleichgesinnte, mit denen mich neben verwandten Wertewelten und Charakterprofilen auch fachliche Interessen verbanden. Was mich in der Schule ins Abseits gedrängt hatte, rückte mich nun oftmals ins Zentrum der Aufmerksamkeit, in den Kursen, in der Mensa: Keiner schien mir angesichts meiner Diskutierfreudigkeit anzumerken, dass ich manch inneren Kampf hatte ausfechten müssen, um in der Cafeteria zu erscheinen. Richtig wohl in meiner Haut fühlte ich mich auch zu Unizeiten oft nur mit meinen Freundinnen. Es ist kein Zufall, dass ich im Dankeswort meiner Dissertation die dreiköpfige »Seelsorgefrauschaft« erwähne, die mich während des Studiums treuherzig begleitet hat, jede Freundin auf ihre Art und für sich wohlgemerkt, Gruppenfreundschaften lagen mir nie. So unterschiedlich diese drei Freundschaften waren – eines hatten sie gemein: Sie ließen mich Professorin und Philosophin sein.

Tony Attwood weist in seinem Asperger-Buch auf eine geschlechtsspezifische Unterscheidung hin: »Bei einem Gespräch mit einem Jungen mit Asperger-Syndrom kann der Zuhörer den Eindruck gewinnen, mit einem ›kleinen Professor‹ zu reden [...]. Mädchen mit Asperger-Syndrom können sich dagegen wie ›kleine Philosophinnen‹ anhören.« Laut Attwood benutzen »Asperger-Mädchen ihre kognitiven Fähigkeiten, um soziale Interaktionen zu analysieren und sie werden eher als Jungen über die Widersprüche in sozialen Konventionen und über ihre eigenen Gedanken über soziale Ereignisse reden«. In meinem Fall verschwammen diese Grenzen: In Gegenwart meiner Freundinnen war ich kleine Professorin und kleine Philosophin zugleich. Mit ihnen konnte ich sowohl hochintellektuelle Themen besprechen als auch lebenspraktische Fragen klären. Von Diskussionen über Beauvoirs These zum *anderen Geschlecht* konnte es nahtlos übergehen zum aktuellen Mensaproblemfall, der von allen Seiten beleuchtet wurde, erst mit einer Freundin, dann mit einer anderen: Was frau denn nun ganz konkret tun solle, wenn ihr ein Vertreter des anderen Geschlechts unter dem Tisch die Hand auf den Schenkel lege und ihr Herz stillstehe? Als ich einer Freundin, der Erstsemesterfreundin, per E-Mail mitteilte, dass ich mich im Buch als Tiefgängerin bezeichne, schickte sie nur vier Worte und einen Smiley zurück: »Oh ja, das passt!« Ich füge hinzu: bei mir und bei ihr. Ich habe die Erfahrung gemacht, dass sich in Freundschaftsdingen Gleich und Gleich tatsächlich gerne gesellt, in dem Sinne, dass man sich in einigen Aspekten als gleich wahrnimmt, ohne damit zwangsläufig in anderen gleich zu sein. Ein Beispiel ist die Torontoer Freundin, die ich am ersten Tag meines Doktorprogramms kennenlernte und die in der Seelsorgefrauschaft einen Stammplatz einnahm: Sie schwebte sogar beim Kaufen einer Dose Mais im Supermarkt in höheren Sphären und dachte an – Hegel! Ob die gelben Körner für die Vielfalt der Erscheinungsformen der Wirklichkeit standen, die dieser samt ihrer geschichtlichen Entwicklung systematisch erfassen wollte? Die Sache mit Hegel und dem Mais habe ich nie verstanden, aber um ein Lektüredetail ging es ja ohnehin nicht. Vielmehr ging es um die Tatsache, dass man auch mit ihr sowohl geistige Höhenflüge unternehmen als auch irdische Belange in allen Einzelheiten analysieren konnte. Dass diese Freundschaft nach neun Jahren in die Brüche ging, lag nicht daran, dass uns der Gesprächsstoff ausging – das wäre wohl nie passiert. Sie zerbrach neben Persönlichkeitsunverträglichkeiten daran, dass ich in einer – wohlgemerkt – beidseitig kritischen Lebenssituation weder das erforderliche Einfühlungsvermögen hatte noch so tun wollte, als ob.

Fakt ist: Es ist nicht einfach, mein Freund zu sein. Daran hat sich bis heute wenig geändert. Obwohl mir meine Freundinnen viel bedeuten, mache ich es ihnen nicht leicht. Einige der skizzierten Störfaktoren spielen hierbei allerdings eine untergeordnete Rolle: Blickzwänge verlieren ihren Schrecken, wenn man sich in ein Thema stürzt, Sprachfallen können amüsant sein, Täuschmanöver sind weniger gefragt, mögliche Verstrickungsängste werden durch Wohlfühlimpulse gelindert und viele Fettnäpfchen durch die Vertrautheit vermieden. Als problematisch erweisen sich mit Freundinnen also eher meine allzu störrischen Gesprächslenkungsversuche oder unzureichenden Beziehungspflegearbeiten, meine sporadischen Einfühlungsblockaden oder anhaltenden Einigelungstendenzen. Ein E-Mail-Austausch mit meiner Hamburger Freundin im vorletzten Sommer legt jedoch nahe, dass autistische Eigenarten von einer langjährigen Freundin anders bewertet werden. Die Vorgeschichte ist wie folgt: Die Arbeit an meinem Mexikobuch hatte mich derart vereinnahmt, dass ich mich bei dieser Freundin ein Jahr nicht gemeldet hatte. Als das Buch schließlich erschien, schickte ich ihr dennoch spontan ein Exemplar aus Frankfurt zu. Da mir das Postkartenschreiben ein Graus ist, verzichtete ich dabei auf eine Nachricht im Päckchen, schrieb ihr jedoch eine Woche später eine E-Mail. Ihre Antwort belegt, dass sie die fehlende Notiz im Päckchen nur mäßig erstaunt hatte: »Gewundert, dass da keine Nachricht weiter dabei war, habe ich mich nur bedingt: ich dachte, typisch Gabi! Besser so ein Lebenszeichen als gar keins, es ist ein Anfang.« Anstatt das fehlende Lebenszeichen als Ende zu sehen, bewertete sie das nunmehr eingetroffene als Anfang. Was für viele kaum verstehbar, geschweige denn verzeihbar ist, nahm sie mit Humor: Igelkind bleibt Igelkind, ein Leben lang und selbst mit Freundinnen. Wenn ich ehrlich bin, kann ich sogar Freundinnen nur in bestimmten Dosen genießen, und in bestimmten Phasen sind mir E-Mails oder Telefonate lieber als Treffen. Zwar geht es mir nicht so wie Max, dem Aspie in dem Knetfigurenfilm *Mary and Max*, der sich in der Toilette verbarrikadiert, bis die Gefahr gebannt ist, seine Brieffreundin aus Australien kennenlernen zu müssen. Manchmal kostet es mich jedoch ebenfalls Überwindung, eine Freundin persönlich zu treffen. Sozialängstliche Anwandlungen machen vor Freundinnen nicht immer halt und werden verstärkt, wenn bei der geplanten Verabredung Rückzugsmöglichkeiten fehlen, wie es bei Übernachtungen vorkommt, oder wenn andere Personen mit von der Partie sein sollen. Dann kann es passieren, dass ich zu Ausweichmanövern greife, um das Treffen zu vermeiden, was bei einer Freundin tiefe Wunden schlagen kann. Vor einigen Jahren gab es einen solchen Fall, als ich das erste Mal in Mexiko lebte und eine Freundin mich besuchen wollte. Anstatt ihr klipp und klar zu sagen, dass ich sie gern sehen wolle, sie aber in einer Pension in der Nähe einquartieren werde, weil ich meine Rückzugsgebiete brauche wie ein Fisch das Wasser, redete ich ständig von den Anstrengungen meiner Jobsuche in Amerika, bis sie genug hatte und sich für Peru entschied. Sie kühlte etwas ab, zum Glück nur temporär.

Im Umgang mit Freundinnen ist die Diagnose ein Segen. Heute erkläre ich ihnen, was für mich geht und was nicht und warum das so ist. Heute verstehen sie, dass soziale Vermeidungsstrategien etwas mit Autismus zu tun haben, und nehmen es nicht persönlich. Damit schützen sie sich und mich, denn sozialer Druck macht alles schlimmer. Mit Freundschaften ist es wie mit Partnerschaften: Sie klappen nur mit Menschen, die meine guten Eigenschaften so sehr schätzen können, dass sie sich von meinen weniger guten nicht in die Verzweiflung treiben lassen.

Vulkanfrau

Die neuen Spielfilme, die von Autisten im Erwachsenenalter handeln, lassen in puncto Liebe und Partnerschaft wenig Gutes ahnen. In einigen Filmen finden Beziehungen gar nicht erst statt: Die Linda aus *Snow Cake* sieht in ihrem Hausgast Alex den Müllmann, der Vater in *Dear John* findet in seinen Münzen Erfüllung und die Knetfigur Max in ihrem Briefverkehr; etwaige Kinder wurden durch Zufall und in grauer Vorzeit gezeugt. In anderen finden Beziehungen zwar statt, sind aber außerhalb von Bollywood problemüberfrachtete Angelegenheiten, die durch Kleinigkeiten auf die Probe gestellt werden: in *Mozart and the Whale* etwa durch die Entsorgung eines unappetitlichen Duschvorhangs, in *Adam* durch eine harmlose Flunkerei. Und obwohl es in einigen romantische Szenen gibt, wird doch in allen letztlich suggeriert, dass Liebesgeschichten unter einem schlechten Stern stehen, wenn der eine, laut dem *Adam*-Cover, »a little stranger« ist als der andere: Autisten, so interpretiert Beth das vielsagende Schweigen der Schulleiterin von *Wildwood,* sind kein »prime relationship material«. Natürlich ist die Welt des Films eine Welt für sich und natürlich gibt es in der Welt der Wissenschaft andere – feldforschungsbasierte – Ausführungen zu diesem Thema. »An adult with Asperger Syndrome can develop a successful relationship with a life-long partner« – lautet demnach auch Attwoods erster Satz im Vorwort zu *An Asperger Marriage*. Startet man jedoch eine *Google*-Suche zu den Begriffen »Autismus« und »Partnerschaft«, stößt man in Mausklickschnelle auch auf Seiten, die Autisten als »mangelhaftes Beziehungsmaterial« darstellen. Man verstehe mich nicht falsch, ich möchte die Schwierigkeiten von Autisten im Beziehungsbereich nicht kleinreden. Aber wenn ich mir anschaue, wie beziehungsgestört viele Menschen sind, die sich als völlig »normal« bezeichnen würden und die sich und ihre Partner trotzdem ins Unglück stürzen, ist mir insbesondere bei diesem Thema an einer differenzierten Sicht gelegen, die geschlechtsspezifische Tendenzen und potentielle Probleme aufzeigt, ohne dabei Pauschalurteile über den einen – meist männlichen – Autisten zu fällen. Ein Beispiel dafür, wie schnell aus Information Diskrimination werden kann, ist die Internetseite des Autismusverbands Nordbaden-Pfalz, die über junge Menschen mit leichtem Autismus, die »›beinahe [N]ormale[n]‹«, zu informieren sucht, und unter der Rubrik »Beziehungen > Heirat« ohne die erforderliche Abgrenzung die Ergebnisse einer Arbeitsgruppe aus den siebziger Jahren zitiert: »Über die Möglichkeit für einen Autisten zu heiraten, lässt sich viel spekulieren. [...] Wegen seines fehlenden Einfühlungsvermögens und seiner mangelnden Flexibilität wäre ein Autist in jedem Fall eine schlechte Wahl ...«

Ich erhebe Einspruch: Ich bin keine schlechte Wahl, ich bin nur eine andere Wahl. Das wiederum hat wenig mit meiner Liebes- und Bindungsfähigkeit zu tun, die ich im Vergleich mit Altersgenossen sogar als ausgesprochen gut bewerten würde. In dieser Hinsicht glich ich tatsächlich zeitlebens einem »volcancito«, einem kleinen Vulkan, wie mein Mann mich zu nennen pflegt: Ich brach nicht oft aus, aber wenn ich aus meinem Dämmerzustand erwachte, dann gab es kein Halten mehr, keine Grenzen. Schon als Vorschülerin war ich von einem Jungen mit einer Topffrisur dermaßen angetan, dass ich nur wegen ihm auf einer Geburtstagsfeier erschien und keine Ruhe gab, bis ich die ersehnte Trophäe nach Hause tragen durfte – ein *Polaroid,* das uns mit roten

Wangen und glänzenden Augen Hand in Hand zeigte. In der Mittelstufe steckte ich einem Schulschwarm ein selbst verfasstes Liebesgedicht in die Tasche, weil die Sache mit den Blicken nicht funktionieren wollte; im vierten Semester rief ich den Dozenten eines Politikseminars an und redete ebenfalls nicht lange um den heißen Brei herum: Ich sei in ihn verliebt, was man denn da tun könne? Letztere Versuche scheiterten übrigens nicht nur an der Gleichgültigkeit der Auserwählten, sondern auch an zahntechnischen Überlegungen: Von dem einen hatte ich in dem Moment genug, als ich in einem Anflug von Verliebtheit mit dem Rad gegen ein Auto fuhr und mir eine Zahnecke abbrach, von dem anderen, als ich sah, dass er während seiner Sprechstunden fortwährend Tee mit Honig schlürfte und für zahnmedizinische Argumente nicht offen war – indiskutabel! Was für unerwiderte Lieben galt, galt erst recht für erwiderte. Für meinen ersten Freund bin ich vier Jahre lang jedes zweite Wochenende nach Paris gefahren, für meinen Mann bin ich nach Toronto und nach Mexiko-Stadt gezogen. Der Autismus erwies sich in diesem Punkt paradoxerweise als beziehungsförderlich: Gerade weil ich mir unter Menschen wie ein Fremdkörper vorkam, nahm der eine Mensch, der zum Geliebten wurde, eine ähnliche Rolle ein wie ein Spezialinteresse oder genauer: Er wurde zum Spezialinteresse aus Fleisch und Blut. Die unterstellte Andersartigkeit in Liebesdingen bezieht sich also primär darauf, wie ich mich ansonsten allgemein im Umgang mit Männern anstellte und wie ich bestimmte Aspekte einer Partnerschaft lebte und lebe.

Wer sich Autistinnen als Mauerblümchen vorstellt, die, falls sie überhaupt einen Interessenten finden, in Männerfallen stolpern, sollte sein Bild von Autismus im Zuge kursierender Spektrumsdebatten generalüberholen lassen. Ein Mauerblümchen war ich nie. Obwohl mir die Mienenspiele und Gemütslagen von Männern genauso viel Rätsel aufgaben wie die von Frauen, hatte ich in Partnerfragen in der Regel das, was in *Dear John* in Bezug auf zwei Autisten und ein Pferd »horse sense« genannt wird: Ich verfügte über ein Frühwarnsystem und zog mich zurück, wenn ich mich mit jemandem nicht gut fühlte. Dass ich in bestimmten Kreisen der Mensa als »harte Nuss« bezeichnet wurde, weil sich zu Studienbeginn ein liebeshungriger Zahnarzt die Zähne an mir ausgebissen und sich bei seinen Kumpels an der Uni bitterlich darüber beklagt hatte, ist alles andere als ein Zufall. Es war nie leicht, mich kennenzulernen, was auch daran lag, dass ich mich mit Männern stets »a little strange« verhielt, um es erneut mit *Adam* zu sagen. Das betraf die harmlosesten Gesprächssituationen. Einerseits schien ich in vielen Gesprächen nicht heimisch zu werden, wirkte merkwürdig zugeknöpft und entrückt, ja weltfremd: »Sag mal, von welchem Stern kommst du eigentlich?«, fragte mich einmal ein Kollege aus dem Seminar, den ich mochte, sehr mochte, und schüttelte ungläubig den Kopf. Andererseits suchte ich den Kontakt, wenn ich erst einmal einen Narren gefressen hatte, ließ mich auf Gespräche ein und stellte Nähe her, indem ich mein Gegenüber am Arm berührte, an der Schulter. Berührungsängstlich war und bin ich nicht, wenn ich mich zu einem Menschen hingezogen fühle. Im Gegenteil: Noch heute ertappe ich mich dabei, dass ich Berührungen einsetze, wenn die Worte versagen und die Blicke schmerzen und die Distanzen unerträglich werden. Auch bei den Männern, die zu Partnern wurden, war es ein langer Weg, gefühlte Trennungslinien zu überwinden. Verräterische Signale gab es bereits in den ersten Begegnungen. Ich erinnere mich an die Pizzaszene. Als ich zwischen Abitur und Studium den Freund traf, den ich über Jahre so leidenschaftlich lieben sollte, dass ich mich irgendwann auf einer Psycho-Couch wiederfand, arbeitete ich zwei Mal in der Woche als Schichtführerin bei *Pizza Hut*. Ich hatte vorgehabt, das Restaurant am Abend wie gewohnt pünktlich zu schließen, und war verstimmt, als ein später Gast meine Pläne zu durchkreuzen drohte. Der glutäugige Mann gefiel mir sehr, aber sollte ich nur wegen ihm später zumachen? Das war keine Option. Ich forderte ihn also auf, sich mit seiner Pizza zu beeilen, sowohl die Wanduhr als auch sein Kautempo fest im Blick behaltend. Sichtlich verwundert war er jedoch erst, als ich auf seine höfliche Frage an der Kasse, ob man sich mal zum Kaffee treffen wolle, weiter wie abwesend an ihm vorbei schaute und irgendetwas über die Unvereinbarkeit von Lust und Moral faselte. Ich hatte Glück: Der Herr war vom Film und an skurrile Szenen gewöhnt – und etwas skurril blieb es, nicht nur mit ihm. Viele Jahre später begegnete ich in einer Cafeteria an der Uni Waterloo meinem Mann. Er kannte die Studentin, mit der ich an dem Tag ausnahmsweise zu Mittag aß, und setzte sich mit zwei anderen Mexikanern zu uns. Er begrüßte mich überraschenderweise auf Deutsch und sein Lächeln war umwerfend: »Der trägt die Sonne auf den Lippen«, dachte ich spontan. Das war es dann aber vorerst mit der Romantik im Kopf. Ich war in meine Masterarbeit vertieft und wusste nicht einmal, welchen Tag wir hatten – es war ein Freitag. Und weiter? Der Smalltalk war mühsam, und als dann noch die Fiesta am Abend zur Sprache gebracht wurde, hielt mich nichts mehr auf dem Stuhl und ich verschwand auf unbestimmte Zeit in einem *restroom*. Erst drei Monate später, als die Arbeit fertig und verteidigt war, klappte es zufällig mit einem Kaffeetrinken, aber auch das barg seine Tücken. Schuld war dieses Mal nicht die männermordende Judith, mein Arbeitsthema, sondern ein schrecklich geschecktes Schwarz-Weiß-T-Shirt mit der protzigen Aufschrift *Calvin Klein*. Als mein Mann auf meine Nachfrage, ob es sich bei seinem Shirt um ein Original handele, in Erklärungsnöte geriet, er hatte es auf einem Markt in Mexiko gekauft, sagte ich ihm auf den Kopf zu, dass das Shirt eine Fälschung und damit Geschmacksverirrung und Straftat zugleich sei und in den Altkleidersack gehöre, wenn überhaupt. Er trug es mit Fassung, wenige Monate später waren wir verlobt und das Shirt war im Sack. So erfreulich ging es nicht immer aus, zumal die sozialen Patzer in der Kennlernphase Vorboten für die sozialen Unpässlichkeiten in der Beziehung waren.

»Sozial unpässlich« konnte heißen: dass ich auch nach Monaten und trotz aller Liebe zu wenig Gespür für meinen Partner hatte, dass ich ohne Rücksicht auf Verluste sagte, was ich dachte, und tat, was ich tun musste, dass ich in der Hebbel-Phase nur über Hebbel und in der Schiller-Phase nur über Schiller redete, über Textstellen, über Lesarten, über Stilfragen, und dazwischen, je nach Hausarbeitslage, gern auch mal über südafrikanische Verfassungen. Dass meine Beziehungen in den Studienjahren dennoch recht gut liefen, hatte sicherlich auch damit zu tun, dass man in getrennten Wohnungen lebte und sich nur zu bestimmten Zeiten sah. Zumindest erinnere ich mich nicht, dass es jemals ein Reizthema war, dass ich über ein Jahr Spaghetti mit Schafskäsesoße zu Mittag und zwei Scheiben Brot mit Avocadopüree zu Abend aß. Die Distanz schützte vor vielem, allerdings nicht vor allem. Besonders seltsam gebärdete ich mich, wenn soziale Pflichtprogramme anstanden. Wie macht man seinem Partner klar, dass er dieses lähmende Unwohlsein, welches einen Tage vor dem geplanten Ereignis aus heiterem Himmel befällt, nicht persönlich nehmen soll? Für mich war es immer eine Sache, mich auf einen Menschen einzulassen und eine Beziehung mit ihm zu führen, und es war eine völlig andere, dies auch mit seiner Familie oder seinen Freunden zu versuchen, zumal der Ausgang solcher Begegnungen wenig vorhersehbar war. Falls die Grundchemie stimmte und ich eine Themennische fand, war ich ganz in meinem Element, falls kein kommunikativer Rettungsanker in Sicht war, ging ich gleich in der Begrüßungsphase unter – Blubb! Die Meinungen, die über mich in den Freundes- und Familienkreisen kursierten, schwankten dementsprechend beträchtlich: Die einen erlebten mich als gesprächig und warmherzig, die anderen als wortkarg und kratzbürstig. Während sich eine Mutter bei meinem Anblick an griechische Göttinnen erinnert fühlte, was ihr aufgrund meiner Liebe für alles Mediterrane sofort einen Sympathiebonus verschaffte, weckte ich bei einer anderen Mutter Erinnerungen an vergangene Presswehenphasen und erhielt wegen meiner einsetzenden Gähnanfälle bald die Note »ungenügend«: für Frauengespräche ungeeignet! Mit meiner mexikanischen Schwiegermutter lief es wieder anders, war es im Fall meiner *suegra* doch ausgerechnet der Kulturschock, der mir seit dem ersten Treffen zu Hilfe kam: Als *extranjera extraña* genoss ich von Anfang an eine gewisse Närrinnenfreiheit. Das wiederum führt mich in die Gegenwart zurück.

Als ich meinen Mann im Zusammenhang mit Freiburg fragte, ob er in unserer Beziehung Auffälligkeiten feststelle, die speziell mit meinem Autismus zu tun hätten, lächelte er vielsagend, nickte leicht und hüllte sich in Schweigen. Ich wusste, dass er aufgrund seiner »Shelly«-Mentalität nicht mit der Sprache herausrücken würde; »Shelly« ist einer seiner Spitznamen, abgeleitet von englisch *shell,* Schale. Ich hakte also nach: Was ihm bei dieser Frage denn zuerst in den Sinn komme? Nach einigen Liebesbeteuerungen formulierte er schließlich einen Satz, der es nicht nur wegen seiner bandwurmartigen Struktur in sich hatte und in gekürzter Übersetzung Folgendes besagte: nämlich, dass er immer und überall um mich herumgehen müsse, dass er sich auf meine Welt einstellen müsse, nach meinen Regeln leben müsse, damit das mit uns weiterhin gut funktionieren könne. Ich hatte angenommen, er würde den dreigeteilten Paz oder andere Panikdetails anführen – und nun das! Er war bis auf das Mark unseres Alltagslebens vorgedrungen und hatte das vielleicht wichtigste Funktionsprinzip ans Licht befördert, das mir in dieser lautlichen Blöße selbst ungerecht, ja ungeheuerlich erschien. Wurde unsere Beziehung zu sehr durch das »[S]ternentheater« bestimmt, das ich bereits als Igelkind aufgeführt hatte? Ich bilde das Zentrum in meinem System, kreise um mich selbst und lasse um mich kreisen – und merke es nicht? Als ich von meinem Mann wissen wollte, was denn passieren würde, wenn er das nun einfach nicht mehr täte, dieses Herumkreisen um mich, dieses Einlassen auf meine Welt und ihre Regeln, antwortete er sinngemäß wie folgt: »Was dann wäre? Dann würdest du wie ein kleiner Vulkan explodieren, dann würden Töpfe und Bücher auf dem Boden landen, dann würde der Haussegen schief hängen – und was wäre damit gewonnen?« Wie recht er hatte. Die Unterhaltung wirft viele Fragen auf, allen voran die bange Frage, ob ich in unserer Ehe die Rolle der Wärterin einnehme und mein Mann die des Insassen, der aus Angst vor dem Vulkan in mir nach meiner Pfeife tanzt? Ist der Autismus des einen Freiheitsberaubung des anderen? Ich stellte meinem Mann genau diese Frage und er grinste schelmisch. Ich kann die Gemüter also beruhigen: Wie in einer Haftanstalt scheint es bei uns nicht zuzugehen, übrigens auch nicht wie in einer Irrenanstalt, obwohl wir die Wohnung, die wir vor einiger Zeit gekauft haben, in schönster Doppeldeutigkeit »bughouse« nennen. Es ist jedoch nicht von der Hand zu weisen, dass ein eheliches »[S]ternentheater« als eine Einschränkung, wenn nicht gar Zumutung empfunden werden könnte – glücklicherweise nicht von meinem Mann.

Ich sehe eine gewisse Ironie des Lebens darin, dass ich ausgerechnet in einem Mathematiker einen Menschen gefunden habe, den ich im Alltag nicht als Störfaktor, sondern als Glücksfall empfinde. Ich führe das neben der Tatsache, dass er ein *pan de dios* ist, wie man hier in Mexiko sagt, ein »Brot Gottes«, ein gutherziger Mensch, vor allem auf zweierlei zurück. Zum einen sind wir in mancherlei Hinsicht ähnlich gestrickt. Sicher gibt es viele Unterschiede im Wesen und in den Interessen: Er hat den Asperger-Test verhauen und mag Fiestas, Vulkanausbrüche sind ihm fremd und er ist ein *Linux*-Fan. Unsere Wertesysteme aber sind nahezu identisch. Und in den Dingen, die uns am Herzen liegen, verstehen wir uns blindlings: In Sachen Forschung etwa sind wir beide ständig auf der Suche nach den interessantesten Problemen, nach den schönsten Lösungen, ich im argumentativen Sinne, er im beweisbringenden. Wenn der eine in seine Welt abtaucht, weil er eine Idee hat, ist der andere entzückt und gibt ihm Zeit und Raum. Wir lieben beide mexikanische Kunst und sammeln unter anderem *alebrijes* aus Holz und *figuritas* aus Ton: Er findet sie, ich ordne sie. Das verbindet, zumal ich vor einigen Jahren kurzerhand Mexiko-Stadt zum neuen Forschungsschwerpunkt erklärt habe. Forschungsinteresse und Freizeitgestaltung sind somit optimal verbunden, und das nicht nur aus meiner Sicht: Wir reden nicht nur über meine Projekte, wir machen uns zusammen auf Materialsuche, gehen zu Kulturveranstaltungen und in Museen. Vielleicht ist genau das ein Würzmittel, das meinem Mann die Monotonien in unserem Leben schmackhaft macht. Damit komme ich zum anderen: Er hat sich mit den Regeln und Routinen angefreundet. Mehr noch: Er sieht sie als wohltuenden Ausgleich zu seinem wechselhaften Unialltag. Er weiß, wo die Kakteen auf der Fensterbank und die Tonfigürchen auf dem Couchtisch zu stehen haben, er weiß, was ihn zum Frühstück und zum Abendessen erwartet und wo wir am Wochenende zu Mittag essen. Was diese Vorliebe für Regeln gekoppelt mit dem Hang zum Immergleichen alles bedeuten kann und was das mit einem Lullabei zu tun hat, erläutere ich im nächsten Kapitel. Wichtig ist zunächst nur eines: Regeln sind bei uns die Regel, nicht die Ausnahme, kaum wird eine aufgegeben, tritt eine andere in Kraft. Sie gehören dazu wie die Küsse. Ein gutes Beispiel dafür, wie das mit den Regeln in Form von Routinen funktioniert, ist die Brötchenszene, die sich einige Monate vor dem Besuch in Freiburg ereignete.

Seit Monaten hatte es bei uns zum Abendessen nach einem Teller mit Fruchtsalat ein bestimmtes Vollkornbrötchen mit Frischkäse gegeben, dazu eine heiße Schokolade. So auch an jenem Abend. Ich hatte gerade in mein Brötchen gebissen, als ich merkte, dass mein Mann zögerte: Er hielt das Brötchen, schaute es an, legte es zurück auf den Teller. Ich fragte ihn, ob er keinen Hunger habe. Er seufzte tief und schüttelte nur den Kopf. Dann sagte er langsam, aber bestimmt: »¡No puedo! ¡Ya no puedo comer este pan!« (Ich kann nicht! Ich kann dieses Brot nicht mehr essen!) Was war los? Wir aßen dieses Brötchen doch seit Monaten jeden Abend. Genau das war der springende Punkt, wie er mir nun erklärte, ohne das Brötchen anzurühren. Während ich froh war, dass wir das Problem »Abendessen« wieder einmal auf lange Zeit gelöst hatten, und mir das Brötchen allein aus diesem Grund noch immer gut schmeckte, hing ihm dieses spezielle Brötchen mit diesem speziellen Käse mittlerweile zum Hals heraus. Ich war sprachlos: »¿Por qué no dijiste nada?« (Warum hast du nichts gesagt?) Er erwiderte, er habe doch Andeutungen gemacht. Andeutungen? Was für Andeutungen? Ich wusste von nichts. Hatte ich etwas überhört? Wir mussten beide lachen – wir lachen oft über unsere Eigenarten, weil manche einfach zu komisch sind. Die Fixierung auf dieses Brötchen zum Beispiel: Das Sortiment in der Bäckerei konnte sich wirklich sehen lassen – warum ich von diesem einen Brötchen derart angetan war, dass ich es ihm und mir immer wieder auftischte, war mir selbst ein Rätsel. Eine Frau Doktor, die sich nicht überwinden kann, ein anderes Brötchen zu kaufen? In diesem Fall konnte sie es, allerdings erst bei drohendem Brötchenboykott. Wir einigten uns darauf, dass das Brötchen auf seinem Teller für ihn das letzte dieser Art sei. Ich war damals noch nicht bereit, mein Stammbrötchen aufzugeben, deshalb bot ich ihm an, ihm von nun an jeden Tag ein anderes Brötchen in der gleichen Bäckerei zu kaufen. Zudem wollten wir die Belagswahl überdenken. Die kleine Änderung erzielte eine große Wirkung. Mein Mann gab sich zufrieden, die aktuelle Brötchenkrise war überwunden, eine zukünftige Brötchenroutine etabliert, nur hinter dem Käse stand ein Fragezeichen, mit dem ich gut leben konnte. So leicht ließen sich in der Vergangenheit nicht alle abspeisen. In der Arbeitswelt galten andere Regeln als im Privatleben und nicht immer machten diese Regeln mein Leben leichter – und manchmal kosteten sie mich den Job.

Eigenbrötlerin

Vielleicht habe ich zu viel über Brötchen geschrieben, aber durch die Brotfrage drängt sich nun geradezu ein Wort auf, das eng mit Brot verwandt ist: der Eigenbrötler. Nach Pfeifer wurde das Wort über Jahrhunderte für einen Junggesellen verwendet, der einen Haushalt selbständig führt, sein eigenes Brot bäckt, was auf mittelhochdeutsch *eigen brōt* und frühneuhochdeutsch *einbrodig* zurückgeht. Nicht, dass ich als Junggesellin jemals mein eigenes Brot gebacken hätte – nach dem

Schulpraktikum in einer Bäckerei, das bereits um vier Uhr morgens darin bestand, fremde Backwaren in und aus Riesenöfen zu schieben, hatte ich genug vom Brotbacken. Liest man den Eigenbrötler jedoch wie heute üblich im übertragenen Sinne und versteht unter ihm einen Menschen, der sich gerne absondert und für sich ist, der eigene Wege geht im Denken und im Tun, so steht das Wort in meinem Fall nicht nur für gewisse haushaltsorganisatorische und forschungsrelevante Angelegenheiten, sondern, auf die sprachgeschichtliche Nähe zum Eigenlöhner aufbauend, auch für arbeitsweltliche. Eigenbrötlerische Veranlagungen schließen die Zusammenarbeit in einem Team nicht aus, dennoch eignen sich für Eigenbrötler bestimmte Arbeitsfelder besser als andere. Das sah ein Restaurantmanager ebenso und setzte mich vor die Tür. Unmittelbar nach der Abiturprüfung arbeitete ich als Teilzeitbedienung in einem Steakhaus. Der Manager hatte mich in sein neonröhrengespicktes Büro im Keller gebeten. Der Rausschmiss kam unerwartet und der Grund dafür war banal: Ich hätte meine Gäste nicht genügend angelächelt. Wie bitte? Ich fragte ihn, ob sich jemand beschwert habe. Er verneinte und fügte hinzu: »Sie lächeln mir trotzdem zu wenig!« War das ein Laufsteg oder ein Steakhaus? Fast hätte ich ihm einen Vortrag über sein veraltetes Frauenbild gehalten oder ihm vorgerechnet, wie viel Trinkgeld ich im Schnitt bekommen hatte – ich war kein griesgrämiger Gästeschreck! Ich musste aber zugeben, dass ich nicht immer ein Lächeln aufgesetzt und Smalltalk betrieben hatte. Es wäre mir auch unpassend vorgekommen, unecht. Nun erhielt ich die Quittung. Die Kündigung ärgerte mich vor allem deshalb, weil ich zu jenem Zeitpunkt gerne eine Stelle für den Sommer gehabt hätte und mich im Restaurant bereits gut eingelebt hatte, was die mittägliche Plünderung der Salattheke mit einschloss. Nun würde wieder alles anders werden – und das war anstrengend. Was gab es noch zu sagen? In diesem Licht? Nichts. Ich verließ das Büro und begab mich auf Jobsuche. Damit hatte ich Erfahrung, schließlich war das bekannte Restaurant auf den Planken nicht mein erster Job gewesen.

Kurz nach meinem fünfzehnten Geburtstag hatte ich begonnen, Pizzen aus Pfännchen zu heben und zu Tischen zu tragen. Diese Nebenjobs leiteten nicht nur langsam den Ausbruch aus der Buhmädchenrolle ein, weil sie neue Formen der Wertschätzung mit sich brachten und meinem Selbstbewusstsein auf die Sprünge halfen. Durch sie durfte ich zudem wertvolle Erfahrungen in unterschiedlichen Milieus sammeln, für die ich heute dankbar bin, und verdiente mein eigenes Geld, das ich erst für meine Zugfahrten nach Paris und später für mein Studium nutzte. Wenn ich in diesem Abschnitt über Jobs rede, dann beziehe ich mich nur auf Beschäftigungsverhältnisse, die nebenberuflich erfolgten und in erster Linie dem, um beim gewählten Sprachfeld zu bleiben, zusätzlichen Broterwerb dienten und nicht unmittelbar mit meiner Ausbildung zur oder Arbeit als Literaturwissenschaftlerin verknüpft waren. Warum ich diese Jobs hier ausführlicher bespreche? Weil diese Nebenjobs zwölf Jahre lang, also bis zur Promotion in Kanada, eine Hauptrolle in meinem Leben spielten und weil ich auch in ihnen nicht aufhörte, Autistin zu sein.

Als Schülerin und Studentin war ich überwiegend in drei Arbeitsfeldern tätig: in der Gastronomie, in der Marktpsychologie und im Bibliothekswesen. Beim Stichwort »Bibliothek« werden Autismuskenner nicken – ein bücherversessener Aspie passt nun einmal besser in eine ruhige Bereichsbibliothek als in ein hektisches Steakhaus, stehen in einer Bibliothek doch neben dem eigentlichen Besucherservice in Form von Informationsbeschaffung und Werkausleihe auch bestimmte Ordnungsprinzipien im Vordergrund, die wahrscheinlich nicht nur mein Herz höher schlagen lassen: Kataloge müssen aktualisiert und digitalisiert werden, Bücher erfasst, bestellt, nach Kriterien thematischer, numerischer, alphabetischer Art signiert und nach Signaturen in Regale und Apparate eingeordnet werden. Durch die Vermittlung einer kroatischen Kommilitonin arbeitete ich fünf Jahre als wissenschaftliche Hilfskraft, kurz Hiwi genannt, an zwei Nachmittagen in der Woche in einer Bereichsbibliothek der Uni. Ich mochte diese Arbeit sehr – und das nicht nur, weil sie mit Büchern zu tun hatte und ich am Ausleihtisch oft stundenlang Zeitung lesen konnte. Mir gefiel auch der Kontakt mit den Bibliotheksbenutzern, zumal Gesprächsengpässe unter Büchersuchenden eher selten vorkamen. Nur die Sache mit den Grenzen hatte es gelegentlich in sich. Zum einen stieß ich an Grenzen bezüglich meiner Sozialkompetenz. Einerseits übertrat ich unwissentlich Grenzen. Das betraf allerdings weniger die Benutzer als meine Chefin, der ich in Gesprächssituationen oft zu ehrlich und zu eigen war, was mir mehrmals Unterredungen unter vier Augen eintrug. Andererseits zog ich wissentlich Grenzen, wenn ich jemanden nicht mochte, und reduzierte den Austausch auf das absolute Minimum. Wenn ich etwa bei den Kaffeekränzchen mit Anwesenheitspflicht, die meine Chefin alle paar Wochen veranstaltete, ausgerechnet neben jemandem sitzen musste, zu dem ich keinen Draht hatte, wurde ich zum Kuchenmonster, sprich: Ich stopfte unaufhörlich Kuchen in mich hinein, um möglichst wenig reden zu müssen. Stoffelige Tendenzen zeigte ich auch, wenn ich mich in Phasen befand, in denen ich nur eines tun wollte: mich in ein Projekt vergraben. Zum anderen stieß ich an Grenzen bezüglich der Vereinbarkeit von Kurs- und Bibliotheksarbeit. Schuld daran waren nicht überfüllte Stundenpläne oder permanente Zeitnöte: Ich habe vor »Bologna« studiert und hatte während des Studiums ein gutes Zeitmanagement. Schuld daran waren vielmehr akute Motivationsüberschüsse in akademischen Belangen, die zu Ungleichgewichten in der Energieversorgung führten: Beim Forschen spürte ich Überfluss, beim Arbeiten Mangel.

Sobald ich vom Kursfieber gepackt wurde, gab es für die Bibliothek nur noch wenig Platz in meinem Kopf. In Projektphasen wäre ich am liebsten untergetaucht und erst nach dem Prüfungs- oder Abgabetermin wieder aufgetaucht. Das aber war mit einem grundsoliden Bibliotheksjob mit festen Arbeitstagen und Urlaubsgeldzulage nicht immer möglich. In vielen Fällen musste ich also trotz anstehender Projekte meine Stunden abarbeiten: weil kein Ersatz zu finden war, weil ich zuvor bereits Stunden verschoben hatte, weil jemand ausgefallen war und meine Chefin mich darum bat. Meist konnte ich das obsessive Element, das mich bis heute raubtierähnlich anfällt, wenn Forschungstätigkeiten anstehen, mit viel Willenskraft und Überwindungsgeschick bändigen – der *survival mode* lässt grüßen. Manchmal gewann das Forschungstier in mir dennoch die Oberhand. Ich erinnere mich an eine Szene im fünften Semester. Eine Arbeit über die Verfassungen der ehemaligen Ostblockstaaten stand an, sämtliche Grundlagentexte hatte ich gelesen, die Argumentationsstruktur stand fest und ich konnte es kaum erwarten, die ersten Seiten zu schreiben, doch zunächst standen mir sechs Stunden Bibliotheksdienst bevor. Normalerweise war das eine Situation, mit der ich umzugehen gelernt hatte, zumal das Abgabedatum noch in weiter Ferne lag. »Wer nicht arbeitet, soll auch nicht essen« – am zwölften Artikel der Stalinverfassung von 1936 war mein Blick hängengeblieben, als ich die Verfassungen erstmalig überflogen hatte, und mir war klar: Die Bibliothek war Arbeit, die Seminararbeit Genuss. Ich versuchte, mir die Seminararbeit als einen sauer verdienten Nachtisch vorzustellen, doch etwas ging an jenem Nachmittag schief. Mit dem Unwohlsein kam die Panikwelle, und je länger ich am Ausleihtisch festsaß und Karteikärtchen in einen Zettelkatalog einsortierte, desto mehr ergriff sie mich. Ich wollte jetzt in das Projekt abtauchen und nicht später, nicht in fünf Stunden, nicht in vier, nicht in drei. Wenn nicht jetzt, wann dann? Theoretisch wusste ich, dass mir mein Tunnelblick einen Streich spielte und andere Sichtweisen blockierte. Praktisch änderte dies nicht viel: Der Bibliotheksdienst türmte sich wie ein riesiges Hindernis vor mir auf und jedes Kärtchen ähnelte einem grauen Zeitdieb. Nach außen hin hielt ich die Fassade aufrecht, im Innern wuchs die Spannung. Als ich irgendwann in den Keller gehen musste, um ein Buch ins Archiv zu bringen, und allein auf der Kellertreppe stand, löste sie sich plötzlich in Tränen auf. War ich noch bei Sinnen? Da stand ich auf der Treppe: Ich war dreiundzwanzig Jahre alt und führte mich auf wie ein trotziges Kleinkind, weil ich mich nicht im Jetzt und Hier an angestaubte und durch den Systemwandel längst überholte Verfassungstexte setzen konnte, sondern erst in zweieinhalb Stunden und fünfzehn Minuten. Sicherlich kam das mit den Tränen nicht oft vor und sie versiegten so schnell, wie sie gekommen waren. Diese quälende Ungeduld und störrische Kompromisslosigkeit indes, die mich stets überkam, wenn ich für ein Projekt Feuer gefangen hatte und nicht sofort mit der Arbeit beginnen konnte, blieb die Regel, nicht die Ausnahme, und das nicht erst als Studentin.

Als Schülerin war ich in diesem Punkt jedoch noch etwas gelassener, vielleicht, weil Klassenarbeiten leichter zu schreiben waren als Seminararbeiten und ich meinen Restaurantjobs ohnehin nur an den parisfreien Wochenenden und in den Ferien nachging. Gerade das Fastfoodgewerbe ist für viele Mittelschichtler ein Ort, an dem man zwar heimlich isst, nicht aber arbeitet, nicht umsonst wird *flipping burgers* im englischsprachigen Raum als Wendung für den sozialen Abstieg gebraucht. Mein Umfeld war dementsprechend erstaunt, dass ich über Jahre freiwillig und freudig in diesen Bereichen tätig war: Erst verteilte ich Pizzen, dann Burger, dann wieder Pizzen und dann wieder Burger. Das sprach sich herum und in die Abizeitung ging ich als »Frau *McDonalds*« oder so ähnlich ein, was in diesem Fall übrigens anerkennend gemeint war. Bei aller Kritik, die man beim Thema Fastfood anbringen kann, nicht nur aus ernährungsphysiologischer, sondern auch aus ökologischer Sicht: Ein Aspekt, der mir als – wohlgemerkt geringbeschäftigte – Arbeitnehmerin insbesondere an den beiden Fastfoodketten gefiel, in denen ich zeitlich versetzt arbeitete, war der feste Regelkatalog, den jeder Mitarbeiter zu befolgen hatte, das heißt auch die, die – wie ich – an der Kasse standen und die Essenspakete auf Plastiktablette luden. Die routinierten Abläufe, die andere in den Wahnsinn trieben, taten mir gut – fünf Stunden Eintönigkeit an der Kasse am Sonntag und ich fühlte mich wie neugeboren. Mehrmals wurde ich als beste Servicekraft ausgezeichnet, weil ich die Regeln bis zur Perfektion beherrschte und die *district managers* und *mystery shoppers* entzückte. Schwer war das nicht. Jeder Bestellvorgang hatte fünf Phasen: Begrüßung und Annahme, Bestätigung und Nachfrage (»Noch einen Kaffee dazu?«), Geldempfang und Wechselgeldrückgabe, Ausführung und Aufzählung, Tablettübergabe und Verabschiedung: »Guten Appetit!« und »Auf Wiedersehen!« In den Phasen eins, zwei und fünf sollte ein Augenkontakt mit einem Mundwinkellächeln erfolgen, ansonsten konnte man ruhig die Kasse ins Visier nehmen, das Tablett, die Produkte, das wirkte konzentriert, geschäftig. Auch die Produktreihenfolge bei der Ausführung der Bestellung war vorgegeben: Kalte Getränke kamen zuerst, Burger nach den Salaten, Frittiertes immer zuletzt. Schon nach der ersten Stunde war jeder Handgriff Routine – und ich guter Dinge! Eines Tages fragte mich der Gebietsmanager, wie es sein könne, dass ich als Vollzeitstudentin stets anwesend sei, wenn er einen Kontrollbesuch angekündigt habe. Mein Chef hatte mich vorgewarnt. »Reiner Zufall«, versicherte ich ihm. Dass ich nach dem ersten Studienjahr meine Fastfoodkarriere beendete, obwohl man mir Perspektiven auf Landesebene angeboten hatte, lag nicht daran, dass mir der Job nicht mehr gefiel. Die Bibliothek bot sich einfach an, zumal sie in dem Gebäude lag, in dem ich fast täglich Politikveranstaltungen besuchte. Dazu kam, dass ich in der Zwischenzeit die Marktforschung entdeckt hatte.

Neben der Tatsache, dass ich von der Leiterin des Marktpsychologieinstituts und ihrer kollegialen Mitarbeiterführung angetan war, gab es mehrere Gründe, warum ich dort sechs Jahre als freischaffende Mitarbeiterin beschäftigt war. Die Arbeitszeiten waren flexibel. Das Institut wurde von den Firmen für spezifische Studien beauftragt, man konnte sich also in einer Studie voll einbringen und sich aus einer anderen problemlos heraushalten. Das war mit der Uni gut zu vereinbaren: In den Ferien arbeitete ich viel, im Semester kaum. So allergisch ich auf seichte Tischgespräche reagiere – es stellte nie ein

Problem für mich dar, mit Menschen über ein ausgewähltes Thema zu reden, relativ unabhängig davon, wo das Gespräch stattfand. Das Institut lebte davon, geeignete Teilnehmer für seine Studien zu finden, diesen Vorgang des Rekrutierens bezeichnete man intern als baggern. Dafür mussten sich Mitarbeiter in die Fußgängerzone stellen, Werbung für die Studie machen, Interessenten nach den jeweiligen Studienkriterien überprüfen und, wenn möglich, mit ins Institut nehmen. Ich baggerte ausgesprochen gern. Es machte mir Spaß, fremde Menschen vom Sinn einer Studie zu den Borstenrundungen von Zahnbürsten oder zu den Farbstreifen einer Zahnpasta zu überzeugen und anschließend detailliert in die Fragezange zu nehmen. In vielen Studien wurden die Interviews mit Fragebögen durchgeführt. Das war nicht nur leicht, es war auch immer dasselbe. Nach dem hundertsten Fragebogen gingen andere vor Langeweile ein, ich hingegen blühte auf, weil es mir gefiel, dass es intensiv um ein Thema ging: um die kundenfreundlichste Anordnung der *Nivea*-Lippenstifte in einem Drogeriemarkt beispielsweise. Aber auch ohne Fragebögen klappte es gut. In freien Interviews war mehr Kopfarbeit gefragt. Meine Chefin sagte in der Vorbesprechung, was sie bei einer Studie in Erfahrung bringen wolle, und ich musste Gesprächsstrategien entwickeln, um diese Information von den Testpersonen zu erhalten, ohne sie direkt danach zu fragen. Das rief die »kleine Philosophin« auf den Plan – Verbraucherstudien waren Tiefenlektüren! Ich stellte mir die Testpersonen als Textpassagen vor, die ich zu entziffern hatte, und ich wusste, dass die Qualität meiner Fragen für den Lektüreerfolg entscheidend sein würde. Mein Auge für textuelle Details war bei dieser Interviewform klar von Vorteil, was schnell dazu führte, dass ich in den Ferien für ganze Studien verantwortlich war. Probleme tauchten nur dann auf, wenn ich mich mit dem Thema einer Studie nicht identifizieren konnte und absprang oder wenn sich Schiller und *Nivea* doch einmal in die Quere kamen. Schiller kam vor *Nivea* – das musste sich auch eine Diplompsychologin sagen lassen. Ein Hindernis für eine zukünftige Zusammenarbeit war das nie: Als ich Jahre später in Deutschland zu Besuch war und auf den Planken in Mannheim einer Vorgesetzten über den Weg lief, bot sie mir eine Stelle an, obwohl sie ahnte, dass ich mich vorerst entschieden hatte – für die Literatur und für Toronto.

Immergleich als Lullabei

Chow mein und *Doctor Zhivago* – was haben gebratene Eiernudeln mit Sojasprossen und ein überlanger Film aus der Traumfabrik der sechziger Jahre miteinander zu tun? Sie waren einmal wichtige Bestandteile meiner Abendroutine. Das erste Jahr meiner Promotion in Toronto war von vielen Routinen geprägt, meine liebste aber war die: Abends aß ich *Chow mein* und sah *Doctor Zhivago*. Wie kam das? Ende August 2000 zog ich nach Toronto, in eine kleine Dachwohnung mit rosaroten Wänden im Haus einer pensionierten Kanadierin im gutbürgerlichen Stadtteil Eglington. Am Tag des Einzugs passierte dann Folgendes: Ich stellte fest, dass zwei Filmklassiker unter dem Videogerät deponiert waren und dass der Uraltfernseher wider Erwarten doch funktionierte; zudem machte ich eine vielversprechende asiatische Imbissstube in unmittelbarer Nähe ausfindig. Damit waren die Weichen gestellt, um ein neues Abendprogramm zu etablieren. Wenn ich von nun an abends von der Uni oder aus der Innenstadt kam, kaufte ich auf dem Heimweg eine Portion *Chow mein,* begrüßte erst meine Vermieterin, durch deren Küche ich laufen musste, um zur Treppe und über die Treppe zum Dachgeschoss zu gelangen, und verschwand dann in meiner Wohnung, um vor russischer Filmkulisse meine Nudeln zu essen. Während Omar Sharif brennende Blicke auf Julie Christie richtete, brannte mein Mund von der Chilisoße, die ich flächendeckend auf dem *Chow mein* verteilt hatte. So ging das fast jeden Abend eine Dreiviertelstunde lang. Nur an den Wochenenden, wenn mein Mann, der damals noch nicht offiziell mein Mann war, aus Waterloo zu Besuch kam, konnte es aufgrund üppiger Mittagessen vorkommen, dass es abends kein *Chow mein* mehr gab. Auch an *Doctor Zhivago* war an Samstagen nicht zu denken: Mein Mann reagierte nach zweimaligem Anschauen allergisch auf den Film und schleifte mich beim dritten Versuch zum *variety store* um die Ecke, der alte Filme für einen Dollar verlieh. Vielleicht wäre es nie zur Hochzeit gekommen, wenn ich nicht eingewilligt hätte, *Doctor Zhivago* an diesem Tag in seiner Pappschachtel zu lassen. An meiner Routine unter der Woche änderte dies indes nichts. Das wirft die Frage auf, warum ich gerade bei diesem Essen und diesem Film blieb. Im Fall der Nudeln wurde die erste Entscheidung zur kulinarischen Fügung: Hätte ich statt der gebratenen Nudeln gebratenen Reis bestellt und ihn als lecker und halbwegs gesund eingestuft, hätte ich wohl ein Jahr Reis mit Chili gegessen. Auch im Fall des Films war es Zufall, dass meine Vermieterin ihn in der Videoecke hatte stehen lassen und dass der andere Film als Alternative ausschied – *Gone with the Wind* hätte ich mir definitiv nicht jeden Abend antun können. Dass *Doctor Zhivago* zu Hause lag, war äußerst praktisch: Ich musste weder durch die Läden ziehen, um einen Film zu kaufen, noch jeden Abend mit dem *Chow mein* in der Hand im Eckladen die Eindollarfilme durchwühlen, um an der Qual der Wahl schließlich zu verzweifeln und mit erkalteten Nudeln nach Hause zu gehen. Überdies hatte ich zwei Semester russische Geschichte studiert und den Film zuvor im Fernsehen gesehen, beides begünstigte den Gewöhnungseffekt: Das kenn ich, dabei bleib ich. Gut fühlte es sich an, eine Szene wieder und wieder anzuschauen, genau zu wissen, was, wann, wie kommt, vertraut war das, verlässlich, fast heimelig, selbst wenn die Kulisse alles andere als das war. Schon damals ahnte ich, dass es mir nicht um diesen einen Film oder um dieses eine Essen ging, sondern um die Routine an sich.

In meinem Leben gab es immer auffallend viele Routinen. Seltsam habe ich das eigentlich nie gefunden – zumindest nicht bis zum Morgen nach meiner Eingebung, als ich im Internet Informationen zum Autismus sammelte und im *DSM*-IV »inflexible adherence to specific, nonfunctional routines« als diagnostisches Kriterium fand. Ich liebte sie einfach, meine Routinen, fungierten sie doch seit jeher als wichtige Wegweiser in anstrengenden Alltagsfragen. Der Weg ist übrigens in der Herkunftsgeschichte angelegt, wie Pfeifer belegt: Routine kommt von französisch *route,* »Weg, (ausgebaute) Straße, auch Richtung, in die man geht«, was wiederum auf lateinisch *via rupta* zurückgeht, »durch den Wald geschlagener Weg«. Solche Wegrichtungen können positiv oder negativ gesehen werden: Im *Duden online* ist die Routine demnach nicht nur eine »durch längere Erfahrung erworbene Fähigkeit, eine bestimmte Tätigkeit sehr sicher, schnell und überlegen auszuführen«, sondern auch die »(meist abwertend) [technisch perfekte] Ausführung einer Tätigkeit, die zur Gewohnheit geworden ist und jedes Engagement vermissen lässt« – ein »Automatismus«, eine »[blinde] Gewohnheit«. Noch deutlicher wird das *Digitale Wörterbuch* mit seiner Synonymgruppe: Alltagstrott, Joch, Tretmühle. Dieses Element des Belastenden und Unfreien gilt für die meisten Menschen aber wohl nur für ein Zuviel an Routinen, denn jeder Mensch hat Routinen: der Kaffee morgens um acht mit eineinviertel Löffel Zucker, das tägliche Schauen einer Seifenoper, das Gassigehen um Mitternacht. In der *Welt Online* stand vor einiger Zeit, *die unheimliche Macht der Rituale* habe bereits in der Steinzeit darin bestanden, »Ordnung und Sinn in einer Welt voller Unberechenbarkeit zu schaffen«. Die Autorin des Artikels, Beatrice Wagner, fasst demnach die Bedeutung von regelmäßig wiederholten und in sich gleichbleibenden Tätigkeiten wie folgt zusammen: Sie geben Sicherheit. Im Wachzustand steht der Mensch ständig vor Entscheidungen. Mit einer Routine wird einer Entscheidungssituation über einen langen Zeitraum immer auf die gleiche Weise begegnet, es handelt sich laut Tilmann Betsch um eine Form des handlungsbezogenen Wissens, das durch Erfahrung erworben und zum Automatismus wird, was laut dem im Artikel zitierten Ernst Pöppel seinerseits Auswirkungen auf das Gehirn hat: »Das ständige Wiederholen von rituellen Handlungen schafft im Gehirn eine ganz eigene Wirklichkeit. Wir wiederholen etwas immer wieder, und das nimmt plötzlich Gestalt an.« Rituelle Handlungen schaffen eigene Erlebnis- und Zeiträume und bilden damit Gegengewichte zur Welt da draußen. Darüber hinaus machen sie das Leben einfacher: Mehr Routinen im Alltag bedeutet weniger Aufwand in mentalen Angelegenheiten. Jeden Abend *Chow mein* zu essen und *Doctor Zhivago* zu sehen, ist einfacher, als sich täglich neu den Kopf darüber zerbrechen zu müssen, welches Gericht oder welcher Film sonst in Frage käme. Ein Leben mit vielen Routinen schließt Spontanität auch nicht aus, solange diese wohldosiert bleibt; Spontantreffen etwa sind sogar eine gute Strategie, um sozialängstliche Reaktionen im Vorfeld zu vermeiden. Insgesamt gilt: Routinen geben Stabilität und Schutz. Sie wirken beruhigend, einlullend, ein bisschen wie Lullabeis.

Lullabei ist ein schönes Wort. »Lulla, lulla, lullaby«, singt der Chor im *Midsummer-Night's Dream,* was über die *Allgemeine Literatur-Zeitung* als »Lulla, Lulla, Lullabei!« in die *Zauber-Bibliothek* von 1826 eingeht – und seither dort verstaubt. Im *Duden* taucht das Lullaby mittlerweile als englische Bezeichnung für Wiegenlied auf, was deutlich macht, dass sich die eingedeutschte Variante den vielen Shakespeare-Übersetzungen zum Trotz im allgemeinen Sprachgebrauch nicht durchsetzen konnte. Ich halte dennoch an ihr fest. An Lullabeis muss ich denken, wenn es um meine Routinen geht, wahrscheinlich deshalb, weil sie mich sanft und sicher zur Ruhe kommen lassen. Der Umkehrschluss lautet freilich: Wenn die Lullabeis zu oft ausbleiben, dann geht das nicht spurlos an mir vorbei, dann steht es schlecht um meine Ruhe, ja mehr noch, dann bekomme ich es mit der Angst zu tun. Die Angst ist ein Lebensthema, selbst wenn ich ihr hier aufgrund ihres diffusen Charakters kein eigenes Kapitel widme und sie nur sporadisch erwähne. In meiner Dissertation heißt es dazu kurz und bündig, eine Angstreaktion »entsteh[t] auf eine erlebte oder vorgestellte Lebensbeeinträchtigung. Dabei wird über den Thalamus, dem Tor des Bewußtseins, ein Reaktionenkatalog aktiviert, der im sympathischen Teil des vegetativen Nervensystems, vor allem in den zwei Mandelkernen wurzelt und, koordiniert vom Hypothalamus, aus autonomen Körperreaktionen (z. B. Herzklopfen), emotionalen Erlebnissen (z. B. Bangigkeit) oder auch kognitiven Zuständen (z. B. geistige Blockierung) bestehen kann«. Warum diese Hirnareale bei mir aktiver sind als bei anderen, weiß ich nicht, und ich werde auch kein Spray mit Kuschelhormonen oder dergleichen dagegen kaufen. Ich weiß nur das: Ein Mangel an Routinen kann Angst erzeugen, wobei die Unterscheidung zwischen objektloser und objektbezogener Angst oft hinfällig wird; ein hohes Maß an Routinen kann Angst verhindern, insbesondere auf unbekanntem Terrain, wie das Beispiel Toronto zeigt. Meine Eingewöhnung in einer damals fremden Stadt lief nicht nur über das Kennenlernen von Stadtvierteln und Unikollegen, sondern auch über die Etablierung von Routinen. In einer Studie von Phillippa Lally, die im Oktober 2010 im *European Journal of Social Psychology* erschien und der Frage nachging, wie schnell sich Routinen im Alltag formieren lassen, heißt es, im Schnitt seien zur Ausbildung einer Routine sechsundsechzig Tage nötig. Bin ich die Ausnahme? Bei mir reicht ein Moment, ein Entschluss und eine Routine steht, oft für Jahre! Doch bevor ich nun detailliert über die Regeln und Routinen in meinem Leben Auskunft gebe, möchte ich auf eine Frage eingehen, die sich bereits in der Chicagoer Schuhgeschichte abzeichnete und seitdem unbeantwortet im Raum steht: Wie kommt es, dass jemand, für den das Immergleiche nahezu sakralen Charakter hat, der sage und schreibe elf Monate lang eine recht geschmacklose Kombination aus *Chow mein* und *Doctor Zhivago* zum Abendprogramm erklärt, ziemlich in der Welt herumgekommen ist? Wie habe ich meine Umzüge bewältigen können? »Move? [...] I don't wanna move« – erst ist der Adam im Film nur verstört, als der Notar einen Umzug erwähnt, dann dreht er durch. Ich verstehe ihn in diesem Punkt nur zu gut, denn jeder

Umzug in meinem Leben, ob innerhalb von Deutschland oder ins/im Ausland, hatte seine eigene Dramatik.

Umzugsdramen

Als Kind empfand ich es als zutiefst verstörend, wenn das Zuhause in Kisten wanderte und schließlich die Möbelpacker kamen und es südwestwärts in unbekannte Gefilde ging, in denen ich nur mühsam heimisch werden konnte. Allerdings erhielt ich damals noch den Kinderbonus: Kisten musste ich keine schleppen und stand nur etwas verloren im Weg herum, vergeblich auf Zuhörer hoffend, die sich für meine Geschichten interessierten. Mit dem süßen Nichtstun war es später vorbei. Zwar erwartete auch dann keiner, dass man so richtig gerne umzieht, aber alle erwarteten, dass man so etwas meistern kann. Natürlich kann ich umziehen, wenn es denn sein muss. Für alle meine Umzüge im Erwachsenenalter, und derer gab es viele, galt dennoch: Sie hatten etwas Dramatisches an sich. Ich meine das im doppelten Wortsinn: Sie waren nicht nur höchst komplizierte Angelegenheiten, sondern führten oft auch zu bühnenreifen Szenen, etwa wenn meine Helferinnen wie verabredet vor der Tür standen, um mir beim Tragen zu helfen, und ich keine Kiste gepackt hatte. Eine Strichliste zum Thema ergibt: Wenn ich die Umzüge in meiner Kindheit und einige Umwege abziehe (ich beziehe mich auf die Zwischenstopps bei Umzügen zwischen zwei Ländern), dann komme ich auf achtzehn Umzüge in siebzehn Jahren. Alles begann mit meinem Auszug aus dem Elternhaus kurz nach dem Abitur und endete vorerst mit dem Einzug in eine Eigentumswohnung vor eineinhalb Jahren. Von diesen achtzehn Umzügen erfolgten zwei innerhalb von Deutschland, acht zwischen zwei Ländern, also zwischen Deutschland und Kanada, Kanada und Mexiko oder Mexiko und den USA, vier innerhalb von Kanada, drei innerhalb von Mexiko und einer innerhalb der USA.

Das klingt überwältigend und war überwältigend. Nichtsdestotrotz möchte ich an dieser Stelle einige Dinge in Perspektive rücken. Der angegebene Zeitraum von siebzehn Jahren bedeutet nicht, dass ich im Schnitt alle elf Monate umgezogen wäre – denn dann wäre ich wohl nicht in Mexiko-Stadt gelandet, sondern im legendären Klingenmünster. Zudem waren unter meinen achtzehn Umzügen mehr Koffer- als Kistenumzüge, das heißt, es ging im Kern meistens nur darum, Ausgewähltes in zwei Koffer mit Rollen und einen Rucksack zu stecken und sich von der alten Wohnung in die neue aufzumachen. Problematisch bei den Umzügen zwischen Deutschland und Kanada blieb freilich, dass sie sowohl das eine als auch das andere waren: Es mussten Kisten geschleppt und Koffer gepackt werden, in variierender Reihenfolge, versteht sich. Hinter den meisten Umzügen stand darüber hinaus eine Universität, zunächst als Ausbildungsstätte, dann als Arbeitsstätte; eine Ausnahme bildeten die Umzüge nach und in Mexiko-Stadt – hinter ihnen stand mein Mann. Meine vielen Umzüge waren der Hauptgrund, warum ich, als sich zufällig die Gelegenheit bot, die treibende Kraft hinter unserem Wohnungskauf war: Nie wieder umziehen müssen, lautete die Devise, nie wieder Wohnungen suchen, Kisten packen, Möbel schleppen, jedenfalls nicht in Mexiko-Stadt. Rückblickend gab es wenig, was meine Welt derart aus den Fugen heben konnte wie Veränderungen bezüglich meines Rückzugsraumes. Selbst wenn ich Umzüge als notwendige Übel zur Erreichung vieler Ziele ertrug, ergibt eine Eigendiagnose zum Thema, dass es bis heute keinen Umzug gab, bei dem ich nicht neben einer notorischen Suchträgheit an massiven Planungs- und Packstörungen litt, wobei sich lange Phasen einer unerklärlichen Aufschieberitis mit kurzen Phasen einer pathologisch anmutenden Wegwerferitis abwechseln konnten.

Sobald ein Umzug anstand, machte sich in mir das seit Kindertagen bekannte Erschöpfungssyndrom breit, das jeden Handgriff zur Last werden ließ. Meine Turbosuchen waren eine Antwort darauf: Um den Suchaufwand minimal zu halten, nahm ich in den meisten Fällen die erstbeste Wohnung, die sich mir bot. Sieht man von den zwei Suchen innerhalb von Mexiko-Stadt ab, an denen mein Mann beteiligt war, gab es unter all meinen Wohnungssuchen nur eine Ausnahme – die erste Suche in Toronto, die mich erst nach drei Terminen zu der Wohnung mit den rosaroten Wänden führte: Auch ich musste mir während der Besichtigung der allerersten Wohnung eingestehen, dass eine mit Bierflaschen übersäte Veranda und eine angetrunkene Vermieterin kein gutes Omen war, um in das Zimmer im selben Haus einzuziehen. Doch zurück zur Suchträgheit: Sie weist auf unterschwellige Energieengpässe und Interessenkonflikte hin, wobei die Angst vor Veränderung und der Hang zum Immergleichen genauso eine Rolle zu spielen scheinen wie Tunnelblicke und Themenfixierungen. Einerseits wusste ich bei allen Umzügen, wie wichtig es für mich ist, eine Wohnung zu finden, die dem Igel in mir gerecht wird; andererseits sträubte ich mich jedes Mal vehement dagegen, Zeit in die Suche zu investieren und die nötigen Schritte zu unternehmen – ohne Zwang ging es nie. Die Suchträgheit zeichnete sich bereits ab, als ich nach dem Abitur an meinen zukünftigen Studienort ziehen wollte, in die Quadratestadt Mannheim. Die erste Wohnung, die ich im Annoncenteil einer Lokalzeitung ausgewählt hatte, sah bei der Besichtigung passabel aus und war in einem Hinterhof gelegen – Grund genug für mich, die Suche für beendet zu erklären, bevor sie richtig begonnen hatte. Dass das Gebäude vor einer trostlosen Tankstelle in der Hafenstraße des brisanten Jungbusch-Viertels stand, ließ mich kälter als den Glutäugigen aus dem *Pizza Hut*, meinem damaligen Freund, dem die Adresse von Anfang an nicht behagen wollte – für mich war das Problem »Suche« gelöst und nur darauf kam es an. Erst als in den Folgemonaten wiederholt Bombendrohungen der *PKK* im Nachbarhaus eingingen und bewaffnete Männer in grünen Uniformen mir aus Sicherheitsgründen den Zutritt zu meiner Wohnung verwehrten, dämmerte es mir, dass Hauruckverfahren Unannehmlichkeiten mit sich bringen können. Diese Erkenntnis hielt mich allerdings nicht davon ab, auch bei der nächsten Suche auf die erstbeste Wohnung zu setzen. Mit ihr hatte ich jedoch mehr Glück: In der Nähe des Marktplatzes fühlte ich mich wohl und blieb bis zum Austauschprogramm in Waterloo dort. Es ist kein Zufall, dass mit der Verlegung meines Lebensmittelpunktes nach Übersee meine Suchträgheit zunahm: Das Studium im Ausland forderte mich auf vielen Ebenen gleichzeitig heraus und ich hatte mehr denn je das Gefühl, für lästige Wohnungssuchen keine Zeit übrig zu haben. Mehrmals führte die Suchträgheit von nun an dazu, Wohnentscheidungen zu treffen, die nicht mit meinem WG-untauglichen Wesen vereinbar waren oder für die ich viel Geld auf den Tisch legen musste. Letzteres ereignete sich, als ich bereits seit einiger Zeit in Mexiko-Stadt lebte, übrigens in einer Wohnung, die mein Mann ohne mich ausgesucht und eingerichtet hatte: Im Spätherbst 2006 wollte ich für ein Semester nach Toronto gehen, um Lehrerfahrung zu sammeln, und im Spätsommer 2007 für ein Jahr als Sprachprogrammleiterin nach Massachusetts. Der Haken war nur der: Ich war mit diesen Auslandsplänen, die relativ unerwartet und kurz hintereinander Gestalt angenommen hatten, bereits beim jeweiligen Vertragsabschluss überfordert und wollte mich nicht noch zusätzlich mit erneuten Wohnungssuchen belasten. Meine Suchträgheit erreichte ihren Höhepunkt: In beiden Fällen buchte ich mich nach einer Turbosuche im Internet von etwa einer halben Stunde in ein Gästehaus vor Ort ein, das Zimmer mit Bad und Kühlschrank zum Monatspreis anbot. Dass dieser Preis weit über dem lag, was ich für eine normale Mietwohnung bezahlt hätte, versteht sich von selbst. Die Spontanbuchungen erfüllten indes ihren Zweck: Ich durfte das Problem »Wohnung« Monate vor den Umzügen als gelöst betrachten und konnte mich beruhigt in meine Welt zurückziehen. Instinktiv hatte ich das getan, was für mich in der gegebenen Situation funktionierte: Anstatt mich mit Wohnungsnöten herumzuschlagen, die sämtliche Kraftvorräte aufgezehrt und Panikattacken begünstigt hätten, schrieb ich zwei Artikel – erst einen über Nestroy, dann einen über Heine. Mit dem jeweiligen Umzug setzte ich mich erst auseinander, als es ans

Kofferpacken ging, einen Tag vor dem Abflug. Das führt mich zum nächsten Punkt: dem Umzug selbst.

Beim Auszug von Zuhause stellte das Planen und Packen und Umziehen noch kein Problem dar, weil es kaum etwas ein- und auszupacken gab und meine Eltern auch beim anschließenden Möbelkauf mit Rat und Tat dabei waren. Anders sah es bei den späteren Umzügen aus, für die ich verantwortlich war. Unvergessen bleibt in dieser Hinsicht der Umzug von der Hafenstraße zum Marktplatz im ersten Studienjahr. Wenn ich meine zwei Freundinnen, die damals dabei waren, heute auf diesen Umzugstag anspreche, ernte ich noch immer ein Kopfschütteln. Wie verabredet waren sie mit einer Studienkollegin erschienen, um mir beim Umzug zu helfen; die Oberstufenfreundin hatte aus diesem Grund das Auto ihrer Eltern vor dem Haus geparkt. Weit war die Strecke nicht, die zurückgelegt werden musste, ein Kilometer vielleicht, über die Ringstraße sollte es an drei Quadraten vorbei ins vierte F-Quadrat gehen. Eigentlich war das keine große Sache, zumal ich zu dem Zeitpunkt kaum etwas besaß. Doch als meine Helferinnen in der Tür standen, war kein einziger Karton gepackt. »Ich wusste nicht, wo ich anfangen sollte«, erklärte ich ihnen. Immerhin hatte ich das Kleinkunsthandwerk, das mir am Herzen lag und das meine Fensterbänke und Wände geschmückt hatte, in die Mitte des Zimmers neben einen Karton gelegt. Als sich die Erstsemesterfreundin in ihrer gewohnten Tatkräftigkeit daran machen wollte, den Kleinkram in den Karton zu räumen, erschrak ich: »Nein, nicht anfassen! Das mach ich selbst!« Das Kopfschütteln verstärkte sich: »Ela, wie sollen wir dir helfen, wenn wir nichts anfassen dürfen?« Das leuchtete ein. Wir fingen also an zu packen, wobei der Kleinkramkarton mir vorbehalten blieb, und luden das Auto voll, bis die Wohnung fast leer war und sich die sperrigen Probleme nicht mehr ignorieren ließen: das Bett und der Schrank. Ich hatte keine Ahnung, was mit ihnen geschehen sollte. Und obwohl meine Freundinnen anfingen, mit den Augen zu rollen, wollte ich sie partout nicht auseinanderbauen. Irgendwie brachten wir das Bett zu viert nach unten. Der Autogepäckträger fiel als Transportmittel aus, da war das Regal festgeschnürt, und er wäre ohnehin zu klein gewesen. Da standen wir nun auf der Straße vor dem Haus, kein Plan nirgends, das Bett lehnte an der Hauswand, der Schrank war noch oben. Was tun? Als wir noch unschlüssig herumlamentierten, fuhr plötzlich die Lösung an uns vorbei und hielt an der Tankstelle gegenüber – ein Kleintransporter mit zwei jungen Männern. Ich weiß nicht, wie ich darauf kam, aber ich witterte die Chance, mein Umzugsproblem in fremde Männerhände zu legen. Ich winkte den zwei Männern zu, sie winkten erfreut zurück. (Ob sie es später bereut haben?) Das gab mir den nötigen Mut. »Wartet hier«, sagte ich und überquerte eilig die Straße, baute mich vor den Männern auf und platzte mit meinem Anliegen heraus: Wir Mädchen seien verzweifelt, wir würden es absolut nicht auf die Reihe bringen, zwei Möbelstücke ins F-Quadrat zu transportieren. Die Männer schauten sich amüsiert an und besprachen sich auf Türkisch. Dann sagte einer von ihnen: »Ganz ruhig, Mädchen! Wir machen das eben!« Nicht nur mir fiel ein Stein vom Herzen, sondern auch meinen Helferinnen, als ich mit einem der Männer im Schlepptau zurückkam. (Ich glaube, sie hatten sich bereits mit bloßen Händen das Bett über die dichtbefahrene Ringstraße schleifen sehen.) Lange Sätze, kurzer Sinn: Dank der überaus liebenswürdigen Notfallhilfe der zwei Türken war eine halbe Stunde später alles im F-Quadrat. Einen Lernprozess in Planungs- und Packangelegenheiten gab es allerdings auch nach diesem Beinahe-Fiasko nicht, zumal ich bei einigen späteren Wohnungswechseln aufgrund angewachsener Besitzstände unter akuten Schüben einer Wegwerferitis litt.

Ein besonders dramatischer Fall von Wegwerferitis ereignete sich nach meinem mündlichen Politikexamen, als meine Nerven nicht nur aufgrund der langen Examensphase blank lagen, sondern auch aufgrund der Tatsache, dass mir in wenigen Wochen ein erneuter Umzug nach Kanada bevorstand. Während einige meiner Platzsparmaßnahmen zu jener Zeit durchaus Sinn machten – zur Entsorgung großer

Alben etwa wanderten unzählige Fotos in kleine Schachteln –, hatten meine Recyclingmaßnahmen zwanghaften Charakter. Die Krönung war die: Ich schmiss alle Ordner mit kopierten Texten aus dem Fach Politikwissenschaft in den Container mit dem Altpapier. An jenem Nachmittag glich ich wahrlich einer Furie: Ein ganzes Regal voller Ordner musste innerhalb von fünfzehn Minuten daran glauben. Selbst wenn man an dieser Stelle gewisse *Simplify-your-life*-Prinzipien zur Relativierung anführen könnte, schließlich hatte ich wichtige Seminararbeiten bei der Aktion ausgespart, mein Studium abgeschlossen, wollte auf unbestimmte Zeit aus Deutschland weggehen und wusste, dass der Stauraum bei meinen Eltern seit ihrem Umzug begrenzt war. Letztlich aber ging es bei diesen Wegwerfaktionen zum Wohle der deutschen Toilettenpapierindustrie eher darum, dass ich mich einer Umzugssituation, in diesem Fall dem Einpacken, Transportieren und Deponieren vieler Ordner, nicht gewachsen fühlte und zu Kurzschlussreaktionen neigte. (Ich hätte die Ordner ja auch an dankbare Erstsemestler verschenken können!) Bei anderen Umzügen mussten übrigens auch nützliche Bücher daran glauben und ein unzerlegbares Bett wurde zerlegt, aber darauf will ich nun nicht in jeder Einzelheit eingehen, sonst droht womöglich die Einweisung in eine Heilanstalt. Fest steht: Mein Verhältnis zu Standortwechseln aller Art blieb konfliktträchtig. Über die Jahre führte das dazu, dass ich mehrmals lieber in ungünstigen Wohnverhältnissen ausharrte und vor mich hin litt, als mich auf die Suche nach einer geeigneten Wohnung zu machen. Das war im Austauschjahr in Waterloo so, als mich die vier Monate im Studentenwohnheim mit seinen vielen Gemeinschaftseinrichtungen dermaßen stressten, dass ich nachts kein Auge mehr zumachte und die Bibel las, und das war später im Jahr in Massachusetts so, als ich nach vier Monaten in dem überteuerten Gästehaus nur aufgrund meiner Suchträgheit in ein Haus mit drei pflegeintensiven Katzendamen zog – und aufgrund der fehlenden Ordnung um mich herum fast den Verstand verlor.

Ordnungslieben

Man kann nicht behaupten, dass ich sie nicht mochte, die Katzen. Im Gegenteil: Ich hatte sie schon beim Schnuppertermin ins Herz geschlossen, als mein Kollege und ich einen Pakt besiegelten, den wir beide bereuen sollten. Er suchte jemanden, der während seines Sabbaticals in Deutschland sein Haus hüten und seine Katzen verpflegen konnte und der ihm nebenbei tausend Dollar Monatsmiete zahlte; ich wollte nach der Zeit im Gästehaus das Problem »Unterkunft« schnellstmöglich lösen. Ich muss Scheuklappen getragen haben, als ich mich auf den Handel einließ: Ich liebe Ordnung und in diesem Haus war es mit der Ordnung nicht weit her. Das lag an den Katzen, die mein Kollege fairerweise bereits im Vorfeld als »high-maintenance« klassifiziert hatte. Die Katze mit dem Tigergesicht war autoaggressiv und musste mit maßgeschnittenen Filzjäckchen und wöchentlichen Krallenüberzügen vor sich selbst geschützt werden, was eine Pflegerin übernahm; die Schwarzhaarige, so wunderbar sie anzusehen und anzufassen war, hatte die Angewohnheit, Speiseräume als Streuklos anzusehen, und urinierte am Schnupperabend ungeniert in die Küche; die Schöngefleckte wiederum tat nichts lieber, als Bücher und Zeitungen in Konfetti zu verwandeln. Dass zwischen den Katzen Krisenstimmung herrschte, machte die Situation nicht besser, zumal sie laut der Anweisung meines Kollegen nicht nach draußen durften. Als reine Hauskatzen gaben sie sich verständlicherweise nicht mit wenigen Quadratmetern Haus zufrieden, sondern sahen alle Zimmer als Jagdgründe an. Das Haus war ihr Terrain und konnte schon deshalb nicht zu dem meinen werden. Am schlimmsten wurde es, wenn ich katzenfreie Zonen zu schaffen suchte und einige Türen schloss: In der Tigerkatze wuchs die Zerfleischungslust (und damit die wunde Stelle), in der Schwarzhaarigen der Urinierungsdrang (und damit der Fleck hinter dem Ficus), in der Schöngefleckten der Katzenjammer (und damit der Schnipselberg). All das gab mir ein Gefühl der Kontrolllosigkeit: Ich putzte und ordnete und kaum war alles fertig, grub eine Katze ihr Klo um und trug streupfötig ihre Spielmäuse durchs Haus. Letztlich konnte ich mir in diesem Haus nicht die nötigen Rückzugsorte schaffen und die bewährten Routinen reichten angesichts des Chaos nicht aus, um meinen Geist zur Ruhe kommen zu lassen. Ich mutierte zu einer »Fliege ohne Kopf«, um meine ehemalige Freundin in Toronto zu zitieren, ich wurde immer rastloser und erschöpfter und war am Ende nicht einmal in der Lage, den Kollegen über die Probleme zu informieren – als er den fleckigen Boden hinter dem Ficus sah, hätte er mich fast angezeigt. Durch das Leben im Katzentollhaus habe ich viel gelernt, beispielsweise, dass ich in Problemsituationen zu Tunnelblicken neige, die meine Alltagskompetenz einschränken, und dass ich zum Heimischwerden an einem Ort meiner Ordnungsliebe ausreichend Raum geben muss, weil meine innere Ordnung stark mit der äußeren verknüpft ist. Ein lustiges Moment dieser Geschichte sehe ich übrigens in dem Interesse, das zwei der Katzen an meinem Haardutt zeigten, wenn sie sich über die Lehne heranpirschten und ihm mit Zähnen und Krallen zu Leibe zu rücken versuchten, ist der Dutt doch das Wahrzeichen meiner Ordnungsliebe.

Wer mich kennt, ahnt es vielleicht schon: Ohne Haardutt bin ich verloren. In Paris fing es an, vor ungefähr zwanzig Jahren: Eines Tages rollte ich mein Haar zu einem Dutt zusammen und befestigte es mit einem *chouchou,* und weil mir das gefiel, blieb ich dabei. Was hat ein Haardutt mit Ordnung zu tun? Der Ordnungsgedanke lässt sich nicht nur auf äußere, sondern auch auf innere Zustände beziehen, nicht umsonst heißt es im Sprachgebrauch, jemand müsse sich sammeln oder seine Gedanken ordnen. Was genau Ordnung ist und wie sie sich im Kopf anfühlt, ist so individuell wie der Mensch selbst und schwer in Worte zu fassen. Nur soviel möchte ich dazu sagen: Ein Gefühl von Ordnung stellt sich ein, wenn ich mich als »Herr[in] [...] im eigenen Hause« erleben darf, um es mit und zugleich gegen Sigmund Freud zu sagen, wenn Gedankenstränge und Gefühlsbrocken nicht mehr durcheinanderpurzeln und mir die Sicht versperren, wenn ein Zustand der relativen Ausgeglichenheit, Regierbarkeit, Überschaubarkeit erreicht ist. Das führt mich zum Dutt zurück. Der Dutt steht für Kontrolle und Klarsicht, weil er das schwer zu Bändigende mit Hilfe eines Gummibandes zu bändigen und aus dem Gesicht zu halten versteht, und zwar auf lange Sicht: Bei einem gutgemachten Dutt löst sich im Laufe des Tages nicht einmal eine Strähne heraus und alles bleibt gleich, beruhigend gleich. Neben dem langjährigen Gewöhnungseffekt ist das sicherlich der Hauptgrund, warum bisher alle Versuche gescheitert sind, mich von meinem Dutt zu lösen: Während ich es mit Spangenzöpfen immerhin einen Tag aushielt, führten alle Frisurvarianten mit offenem Haar in kurzer Zeit zu massivem Unwohlsein und, falls dann keines der einhundert *chouchous* greifbar war, zu panischen Such anfällen. Andere haben Pflaster in der Handtasche, um für Notfälle gerüstet zu sein, ich ein Ersatzhaargummi. Dass ich mich in der *Alhambra* mit den Frauenstatuen mit Duttfrisur fotografieren ließ, heißt nun aber nicht, dass ich mir einen Dutt aus Marmor wünsche! Es ist dennoch keine Übertreibung, wenn ich sage, dass die Ordnung im Kopf mit der Ordnung auf dem Kopf beginnt – die erste Tätigkeit des Tages ist die Zwirbelbewegung, mit der ich aus einem Schwall einen Ball mache. Sobald das Haar jedoch samtig-sicher eingespannt ist und die Brille auf der Nase sitzt, stehen freilich noch andere Ordnungsbedürfnisse im Raum. Einige davon sind ziemlich skurril: das Ordnen von Wort- und Satzgebilden beispielsweise, das automatisch abläuft, wenn ich einen Text sehe, und das meist mit unsinnigen Dividierungsszenarien endet, oder das Ordnen von Textseiten. Nachdem mein Doktorvater einige Seminararbeiten von mir gelesen hatte, konnte er sich irgendwann die Frage nicht mehr verkneifen, wie es sein könne, dass alle meine Abschnitte rechts und nicht links oder mittig endeten. Ich weiß nicht mehr, was ich antwortete, ich weiß nur: Ich vertrage keine Unordnung auf eigenen Textseiten, dazu gehören nach meinem Formempfinden neben unzureichenden Formatierungen der Datei auch solche vorzeitigen Abschnittsenden. Selbst wenn ich einen Vortrag vorbereite, den keiner je zu Gesicht bekommen wird, feile ich wie eine Irre an den Absätzen – und das heißt an den Sätzen – herum, bis eine Seite auch formal meinem Ordnungssinn entspricht. Ich bin so formvernarrt, dass der Erhalt von Druckfahnen jedes Mal einen Schock auslöst, selbst wenn ich mich auf ein verändertes Layout des Textes eingestellt habe: Sobald ich sehe, dass alle meine Seitenordnungsmaßnahmen aufgehoben wurden, fühle ich mich, als ob ich das Gleichgewicht verliere und ins Bodenlose stürze. Natürlich falle ich nicht wirklich vom Stuhl, aber ein Mangel an Ordnung fühlt sich immer an wie ein Mangel an Halt – mit einer Struktur geht auch ein Stück Sicherheit. Dies gilt vor allem für die Ordnung in den eigenen vier Wänden.

Die Ordnung im Raum kommt für mich gleich nach der Ordnung auf dem Kopf. Zwar erkläre ich meine Wohnung für Gäste nicht per se »off-limits«, wie es die Linda in *Snow Cake* tut, bei der auch sonst alles auf den Millimeter genau auf seinem Platz zu stehen hat, aber ich bin definitiv das, was eine Dorfbewohnerin mit Blick auf Linda einen »neat freak« nennt. Der Freak ist längst in den *Duden* eingewandert und steht unter anderem für eine Person, die sich »in übertrieben erscheinender Weise für etwas begeistert«. Für was sich ein »neat freak« übertrieben begeistert, kann man im *Merriam-Webster* nachlesen – das Adjektiv *neat* steht für Sauberkeit und Ordnung, für einen Zustand »free from dirt and disorder: habitually clean and orderly«. Dass Putzen und Ordnen zusammengehören, liegt auf der Hand, denn was bringt eine ausgeklügelte Ordnung, wenn dazwischen die Wollmäuse tanzen? Nicht zu unterschätzen ist die Psychologie dahinter: Eine Putz- und Aufräumaktion beruhigt mich nachhaltiger als Baldrian und macht mich glücklicher als Schokolade. Der Glutäugige hat mal gesagt, man könne bei mir vom Fußboden essen. Das heißt aber nicht, dass ich ein krankhafter Putzteufel bin und mich mit der Lupe in der Hand auf die Suche nach dem letzten Staubkorn mache. Der Großputz ist jedoch fest im Wochenplan verankert und gehört zu meinen liebsten Routinen und manchmal setze ich das Putzen außerplanmäßig als Nervenmedizin ein – eine Stunde Putzen und ich sehe die Welt mit anderen Augen! Eine ähnliche Wirkung hat das Ordnen. Ich liebe es, wenn die Dinge »in Ordnung« sind. Das fängt damit an, dass alles seinen Platz hat, nicht millimetergenau, wie bei der Linda im Film, aber doch seinen Platz: große Möbelstücke und kleine, die Pflanzentöpfe auf dem Boden und die Kakteenkolonien auf der Fensterbank, die *figuritas* und *alebrijes* in allen Formen und Farben. Überquellende Schränke und vollgestellte Böden gibt es bei mir nicht, nie. Alles hat seine Ordnung. Die Ordnung im Wohnzimmerregal ist ein Beispiel: Alle CDs und DVDs befinden sich in Spezialordnern, die Musik ist nach Musiktypen und Gruppennamen sortiert, die Filme sind in alphabetischer Reihenfolge der Originaltitel abgeheftet, alle Textordner und Bücher sind nach Themenbereichen gegliedert, selbst die Bücherkisten unter dem Bett, wobei bei den Büchern neben dem Autor auch die Größe und Form eine Rolle spielt. Ordentlich geht es auch sonst zu, allerdings muss nicht alles gleich ordentlich sein. Wenn die Gabeln im Besteckkasten nicht genau übereinanderliegen oder sich einige Tischsets zwischen die Stoffservietten geschlichen haben, ist mir das völlig egal, solange sie in der richtigen Schublade sind. Wenn mein Mann hingegen ein Buch nicht an den gewohnten Platz stellt oder die vielzitierten Tonfigürchen auf dem Couchtisch verrückt, empfinde ich dies als kleine Störung und gebe keine Ruhe, bis die Dinge wieder in Ordnung sind. Das stellt an sich kein Problem dar, zumal sich mein Mann in Ordnungsfragen gerne nach mir richtet und vieles ohnehin mit einer schlafwandlerischen Sicherheit auf seinen Platz gestellt wird. Erst wenn zu viele Dinge auf einmal in Unordnung geraten, zum Beispiel wenn mein Mann in meiner Abwesenheit sämtliche Computerutensilien auf dem *desayunador* verstreut und irgendwelche Antennen auf dem Boden stehen und nebenbei der Fernseher läuft, enthlößt der Freak in mir in Sekundenschnelle das Zwanghafte seiner Ordnungswut und bekommt »die Krise«. Das Stichwort wiederum verweist noch auf etwas anderes: Einerseits werden »neat freaks« durch ihre übersteigerte Begeisterung anfälliger für Krisen, andererseits meistern sie diese manchmal gerade dadurch besser. Die Überflutungsszene, die sich im letzten Jahr meines Doktorprogramms ereignete, hat in dieser Hinsicht exemplarischen Charakter. Ein Wasserrohr war explodiert und hatte achtzehn Wohnungen unter Wasser gesetzt, meine war eine davon. Gegen die strikte Anweisung der Feuerwehr war ich in meine Wohnung zurückgekehrt. Zwar hatte ich aus diesem Grund meine Habseligkeiten noch rechtzeitig im trockenen Hausflur notlagern können, aber als das Strömen von den Wänden schließlich aufhörte, befand sich nicht nur die Wohnung in einer desolaten Lage – ich sah und fühlte nur noch Chaos. Mir war die Hilfe eines Reinigungsteams zugesichert worden, doch darauf konnte ich nicht warten: Wie eine Besessene fing ich an, meine Wohnung in Ordnung zu bringen. Und je mehr ich wusch und trocknete und putzte und räumte, desto besser fühlte ich mich. Die Reinigungsleute staunten nicht schlecht, als sie acht Stunden später vor der Tür standen: Alles war blitzblank geputzt und fast alles war wieder an seinem Platz. »Everything under control«, sagte ich, »do you want some coffee?« Das Freakige kann also durchaus sein Gutes haben, wenn es in ordentliche Bahnen gelenkt wird.

Eine Form des Ordnens, die dem »neat freak« in mir besonders am Herzen liegt und die bisher nicht erwähnt wurde, ist das numerische Einordnen von Dingen. Dieses Einordnen, das ich für mich in bestem Denglisch liebevoll als »ranken« bezeichne und dementsprechend haarsträubend durchkonjugiere, erfolgt immer vergleichend und kann zweierlei bedeuten: das Erstellen einer Rangordnung, also *ranking*, oder die Benotung einer Sache, also *grading*, wobei die beste Note die Zehn und die schlechteste Note die Eins ist und Notenabstufungen per Komma ausdrücklich erwünscht sind. Ich »ranke« unglaublich viel, meist nach Dingen wie dem Gebrauchswert oder der Beliebtheit. »[T]hat's my third favorite sweater so you can't keep it«, teilt die Linda in *Snow Cake* dem verdutzten Alex mit, als sie ihm einen Pulli leiht. Mein Mann und ich blickten uns vielsagend an, als wir die Szene zum ersten Mal sahen, die Formulierung »drittliebster Pullover« hätte von mir sein können. Sieht man von den Wäschesektionen ab, verbirgt sich in meinem Kleiderschrank hinter vielen Kleidungsstücken irgendein Ranking: Je höher ein Stück innerhalb seiner Kategorie von mir bewertet worden ist, desto weiter liegt es oben und vorne, und umgekehrt. Ähnliches gilt für andere Bereiche in der Wohnung, schon deshalb, weil es das Leben leichter macht: Warum sollte ich meine drittliebste Espressotasse nach vorne in den Glasschrank stellen, wenn ich meinen Espresso am Nachmittag ohnehin nur aus meiner Lieblingstasse mit dem mexikanischen Mondmotiv trinke? Mein Mann weiß auf jeden Fall sofort, was zu tun ist, wenn ich ihn frage, welchen Rang oder welche Note ein Gegenstand hat, und wundert sich darüber, dass ich einerseits mit der Mathematik auf Kriegsfuß stehe, aber andererseits obsessiv auf Zahlen setze, um Ordnung zwischen Dingen zu schaffen. Ich gebe zu, dass ich bei diesen Zahlenordnungsspielen übertreibe: Ich »ranke« nicht nur allein und still vor mich hin – auch der Mathematiker im Haus wird oft eingespannt, bis er vor lauter »acht Komma sieben« und »neun Komma zwei« die Zahlenkrise bekommt und in den Zahlenstreik geht. Letzteres passiert in der Regel aber nur, wenn es um meine Sammlungen geht, denn da kennt mein Einordnungseifer keine Grenzen.

Sammeltaumel

An erster Stelle steht der schwarze Kimono mit den weinroten Blumen, an zweiter Stelle der mohnblumenrote mit dem Pfauenmuster, an dritter Stelle der silbrig glänzende mit den Wildblumen, an vierter Stelle der pastellfarbige mit dem Geisha-Thema, an fünfter Stelle der sanfttönige mit dem Hauch Orient, an sechster Stelle der rosafarbene mit den Kirschblüten, an siebter Stelle der olivgrüne mit dem Meer aus Bambus und, um diese Aufzählung abzukürzen, an dreizehnter Stelle kommt der brokatseidene in Rot, auf dem goldgestickte Drachen durcheinanderschwirren. Die Rangliste endet mit der Nummer dreizehn, weil es bisher nur dreizehn Kimonos sind, und es sind bisher nur dreizehn, weil ich erst vor gut zwei Jahren meine Liebe für Kimonos entdeckt habe. Ein Interesse an ihnen bestand jedoch seit Langem oder genauer: seit meine Mutter in den achtziger Jahren einen buntbestickten Kunstseidekimono aus der *Chinatown* in New York mitbrachte. Mein erster Satinkimono war in grellem Pink und hatte weiße Punkte. Er gefiel mir und ich trug ihn, aber den Freak weckte er nicht. Das änderte sich, als ich das erste Mal auf die *Feria de las culturas amigas* in Mexiko-Stadt ging und am Stand von Vietnam stehenblieb. Ich sah Kimonos aus Seide, die schönsten, die ich je gesehen hatte, und, weil es im Rahmen der *Feria* war, auch die günstigsten. Ich kaufte den ersten Kimono. Mit ihm brach der Damm: Zu Hause fuhr ich laufend über die Seide, bestaunte die hochwertige Verarbeitung, die exotische Druckarbeit und hüllte mich entzückt in ihn. Tags darauf kaufte ich den nächsten Kimono und einige Tage später noch einen und mit jedem Kimono erwachte er mehr zum Leben, der Freak in mir. So fängt es immer an. Der Film *Dear John* illustriert dies gekonnt in einer Rückblende: Johns Vater entwickelt mit der ersten *error coin* seine Leidenschaft für Fehlprägungen und kennt ab dem Zeitpunkt nur noch dieses Thema. Er, der es nicht schafft, seinen Sohn im Auto zu einer Feier zu begleiten, legt weite Strecken zurück, um Ausstellungen zu besuchen, sogar finanzielle Einbußen nimmt er in Kauf. So extrem bin ich nicht. Ich bin auch nicht übermäßig materialistisch, wie man angesichts dieser Vorliebe für Kimonos aus Seide vermuten könnte. Erneut spricht der Dutt für sich: Mit Mode kann ich wenig anfangen, viele Modegeschäfte sind mir ein Graus, die heutige Modelkultur ebenso, bis vor zwei Jahren wusste ich nicht, wer Heidi Klum war, ich lasse Schuhe wieder und wieder besohlen, weil ich keine neuen kaufen mag, und trage jahrelang die gleichen Sachen: Hosen, Röcke, Jacken, Oberteile.

Als beim Asperger-Test die Frage auftauchte, ob man Menschen mehr möge als Dinge, habe ich trotzdem *I disagree* angekreuzt. Denn sieht man von den paar Menschen ab, mit denen ich Zeit verbringen möchte, bin ich gerne allein und beschäftige mich in der Tat lieber mit Dingen als mit Menschen, allerdings nur mit den Dingen, die eine übersteigerte Begeisterung in mir auslösen.

Wenn er mich packt, der Sammeltaumel, dann wehre ich mich nicht, dann lasse ich mich mitreißen und gehe in diesem rauschhaften Gemütszustand auf. Dabei geht es um mehr als die Sogwirkung einer Leidenschaft: Wenn ich sammle und ordne, dann blende ich die Welt da draußen aus, dann bündele ich meine Gedanken und konzentriere mich nur auf den Gegenstand vor mir und komme dadurch allmählich zur Ruhe. Um mich herum ändert sich vieles, die Pfauenmännchen auf dem Kimono aber bleiben gleich, die Wildblumen und die Kirschblüten. Meine Sammlungen helfen mir, mich als »Herr[in] [...] im eigenen Hause« zu erleben. Oftmals setzen sie zudem eine eigene Dynamik in Gang: Durch die Kimonos wurde ein neues Interesse geweckt, ich tausche E-Mails mit Vietnamesinnen in Ho-Chi-Minh-Stadt aus und stelle Nachforschungen an, über Vietnam, über die Geschichte der Kimonos und der Seide, über mögliche Reisen ins frühere Indochina. Die Kimonos machten mich zum treuen Besucher der letzten *Ferias,* die jeweils zwei Wochen dauerten: Trotz anderer Verpflichtungen schaffte ich es, den nachmittäglichen Besuch am Stand in meinen Tagesablauf zu integrieren, um nach den spektakulärsten Modellen Ausschau halten zu können. Der Kimono-Zauber hält mich in seinem Bann: Jeden Abend gehe ich zum Schrank, schaue die Kimonos durch und überprüfe die bestehenden Rankings zwischen ihnen. Jeden Samstag wähle ich einen für die Woche aus und trage ihn mit Hochgenuss, ich sei vom »kimono bug« befallen, sagt mein Mann. Das weist auf eine Besonderheit meiner Sammlungen hin: Sie sind Teil meiner Alltags- oder Festtagskultur. Die Sache mit dem Sammeln geht weit zurück. Wie viele Kinder sammelte ich ausgesprochen gern, ich erinnere mich an diverse Puppen- und Aufklebersammlungen, allerdings verfügte ich weder zeitlich noch finanziell über die Möglichkeiten, um das exzessiv zu betreiben. Hinzu kommt, dass mir die Arbeit mit Themen und Wissen stets wichtiger war als das Sammeln von Dingen und dass Bücher und Buchreihen, für die ich eine übersteigerte Begeisterung hegte, in ihrer Anzahl begrenzt waren. Meine Prioritäten haben sich nicht geändert. Das Sammeln bleibt eine Freizeitbeschäftigung, was nicht heißen soll, dass ich grundlos darauf verzichten möchte, verleiht es meinem Leben doch eine Würze, für die ich sogar Opfer bringen würde: Ich würde beispielsweise ziemlich lange *quesadillas* essen, um mir mit gutem Gewissen den ultimativen Kimono leisten zu können. Dass das Sammeln im letzten Jahrzehnt stark zugenommen hat, führe ich auf dreierlei zurück: Erstens, ich habe mehr Zeit und Geld, zweitens, es gab viele Veränderungen in meinem Leben, die ich zu verkraften hatte, und drittens, ich lebe in Mexiko und Mexiko ist ein Zentrum der *artesanías*. Die Kunst gehört zu Mexiko wie der Feigenkaktus, auf dem sich einst der Adler niederließ und die Schlange überwältigte; an jeder Ecke bieten Künstler ihre Kunsthandwerke an, was sicherlich ein Grund ist, warum mein Mann *artesanías* ebenso liebt wie ich und sich von meinen Sammelleidenschaften hat anstecken lassen.

Die wichtigste Sammlung ist die der *figuritas*. Figuritas nenne ich pauschal alle Miniaturfigürchen aus Ton, von denen die meisten aus Lateinamerika kommen und nicht größer als ein Daumen sind, manche nicht größer als ein Fingernagel. In Kanada fing diese Leidenschaft mit dem Kauf einer Miniaturkrippenszene aus Peru an, von der ich wenige Tage später noch ein Reserveexemplar erstand. Es ging weiter mit den Eindollarengeln aus Bolivien und weiteren *nacimientos*. Seitdem kamen jedes Jahr etliche dazu. Ein neueres *nacimiento* aus Ton habe ich übrigens ebenfalls auf der *Feria* gefunden. Es stammt aus Peru, besteht aber aus einer arktischen Krippenszene: Jesus, Maria und Joseph sind Eskimos in Fellkleidung und statt der üblichen Schafe, Kühe oder Esel gibt es einen Husky mit grünen Augen, einen vergnügten Eisbären und ein Walross. Meine allerneusten *nacimientos* bestehen aus buntblumig bemalten Holzfigürchen. Am ersten Advent wähle ich die Krippenszenen aus, die bis zum Dreikönigstag die Wohnung schmücken. Über die Jahre habe ich das Spektrum an *figuritas* erweitert und sammle inzwischen drei Typen: neben den Weihnachtsfigürchen (also Krippenszenen) auch Alltagsfigürchen und Totenkopffigürchen. Letztere, die *calaveritas,* Totenköpfchen, kommen in Mexiko an den *Tagen der Toten* zum Einsatz, bei mir auch außerhalb dieser Tage, und sprühen vor Lebenslust. Unter ihnen gibt es bohrfreudige Zahnärzte, übereitle Geschäftsmänner und schießwütige Cowboys mit Hut, Betrunkene mit der Tequilaflasche in der Hand oder Raucher mit der Zigarette, Dirigenten, Musiker und Tänzerinnen in Aktion, Nonnen, Mönche und Priester, Kinder, Schwangere, Greise und natürlich herausgeputzte Damen mit Fächer sowie diverse Vierbeiner. Gemein ist den *calaveritas* nur eines: Sie verkörpern alle grinsend *La Muerte*. Die zweitwichtigste Sammlung ist die der Silberohrringe. Für Silberschmuck hatte ich nicht viel übrig, bis ich nach Mexiko zog und auf den Filigranschmuck aus Oaxaca und Mérida aufmerksam wurde. Byzantinische Traditionen, die in Europa fast ausgestorben sind und durch industriell angefertigten Massenschmuck im Kaufhausstil ersetzt wurden, erleben hier eine Blütezeit. Für mich sind handgefertigte Ohrringe echte Kunstwerke. Ich genieße es, mich auf den Märkten wie ein Spürhund auf die Fährte nach den außergewöhnlichsten Stücken zu machen, auch wenn ich sie oftmals nur bestaune, mich mit Künstlern darüber auszutauschen, eigene Vorschläge einzubringen und gelegentlich eigene Stücke zu kreieren. Die drittwichtigste Sammlung ist die der Schals. Für Schals hatte ich immer ein Faible; vor einem Vierteljahrhundert habe ich angefangen, Seidenschals zu sammeln, seit einigen Jahren sind zudem mexikanische *rebozos* und *chalinas* dazugekommen, kunstvoll verzierte Schals aus verschiedenen Materialien, die man über Rücken und Schultern drapiert (und in denen *indígenas* heute noch ihre Kinder transportieren). Die Passion für *figuritas* macht vor den Schals nicht halt; am liebsten mag ich Schals mit prähispanischen Tieren, Menschen und Göttern sowie sogenannten *historias,* gedruckten oder gestickten Szenen aus dem Leben. Obwohl sie mich momentan mehr beschäftigen als die *figuritas,* belegen die Kimonos als Sammlung nur den vierten Platz, was ihren Genusswert jedoch nicht mindert. Diese Rangfolge wird sich wohl auch nicht ändern, falls es irgendwann mit einer Reise nach Vietnam klappen sollte. An mit Abstand letzter Stelle steht die Sammlung der Haarspangen, damit meine ich Spangen aus Leder und Holz, die von Straßenkünstlern mit Motiven aller Art gefertigt und bemalt wurden, mit prähispanischen Zeichen, aber auch mit Blumen, Sonnen oder Tieren. Das Sammeln dieser Haarspangen habe ich mittlerweile komplett eingestellt, unter anderem deshalb, weil die wunderschöne Vielfalt handgemachter Haarspangen gegenüber dem tristen Einerlei der maschinell gefertigten *chouchous* samt Haardutt leider keine Chance hatte.

Jede Sammlung ist auf ihre Weise geordnet: die *figuritas* in bunten Kartons, die Ohrringe in Schmuckkästchen mit Fächersystem, die Schals in Kommoden mit Schubladen, die Kimonos nach ihrem Rang auf der Kleiderstange und die Haarspangen in verschiedenen Stofftaschen. Bei jeder Anordnung innerhalb einer Sammlung sind unsichtbar Zahlen mit im Spiel – dass ich genau weiß, wo die runden Filigranohrringe mit den Granaten oder die vier Seidenschals mit den *huichol*-Motiven in der jeweiligen Schublade liegen, versteht sich von selbst. Einige Alltagsrituale, die die Sammlungen betreffen, haben (wie gesagt) sakralen Charakter: Dazu gehört es beispielsweise, jeden Abend die Ohrringe zu begutachten, manchmal auch umzuordnen, die Ohrringe für den nächsten Tag herauszusuchen, sie mit dem Silberputztuch auf Hochglanz zu bringen und anschließend auf die Kommode zu legen. Ich sehe in den Ohrringen und Schals willkommene Momente der Abwechslung, die meinen Hang zum Immergleichen in Outfitfragen auflockern. Die Frisur ist gleich, weil sie für Ordnung auf dem Kopf sorgt, die Bluse ist gleich, weil ich das Modell drei Mal in dunklem

Lila und drei Mal in hellem Lila habe, der schwarze Rock ist gleich, die Hose, weil ich nur diesen einen Schnitt mag, aber die Ohrringe und der Schal sind es nicht. Oder doch? Schaut man genauer und länger hin, zeigt sich, dass auch hinter den Accessoires Prinzipien der Wiederholung stecken, schließlich wähle ich in der Regel nur die Ohrringe und die Schals aus, die bei jedem Ranking die oberen fünfzehn Plätze belegen (und degradiere unzählige andere zu Schubladenhütern), und kombiniere sie darüber hinaus wieder und wieder mit den gleichen Kleidungsstücken. Meine Wohlfühlgleichung im Alltag bleibt somit im Kern unverändert: Wiederholung ist gleich Struktur ist gleich Stabilität.

Wiederholungstaten

Immer wenn ich zum Zahnarzt gehe, bekomme ich ein Lob dafür, wie gut ich auf meine Zähne aufpasse. Das Zähneputzen ist in einer Welt voller Zahnputzmuffel so auffallend, dass mich der Vater einer Freundin »Zähneputzerin« nennt. Nichts höre ich lieber als das, denn das Zähneputzen ist mehr als nur eine lästige Pflicht. Weder mein Zahnarzt in Mannheim noch der in Mexiko-Stadt ahnen indes, was außerhalb meines Mundraumes passiert, wenn ich mir die Zähne nicht in der Reihenfolge putze, wie ich es gewöhnt bin, oder, ich wage es kaum zu schreiben, wenn ich sie mir aufgrund gewichtiger äußerer Umstände gar nicht putze. Im ersten Fall spüre ich ein Unbehagen, das erst nachlässt, wenn ich mit dem Putzen noch einmal ganz von vorne anfange, das heißt links oben hinten. Im zweiten Fall bricht sofort Chaos aus: Nicht genug damit, dass ich Karius und Baktus förmlich vor mir sehen kann, wie sie sich an meine Zähne heranpirschen, ich merke zudem, dass etwas nicht in Ordnung ist, und bekomme einmal mehr Panik. Das war nicht immer der Fall. Alles begann damit, dass sich vor zwanzig Jahren der kleine Backenzahn rechts unten der ständigen Schokoladenzufuhr nicht mehr gewachsen fühlte und den Nerv aufgab.

»Nach dem Essen Zähneputzen nicht vergessen!«, mahnte der Zahnarzt, den ich damals aufsuchte. Ich hatte gelitten und nahm ihn beim Wort: Das Zähneputzen wurde zur Routine, die Routine zur Obsession. Das Zähneputzen steht stellvertretend für andere Routinen mit einem Unterschied: Andere kann ich zeitweilig unterlassen, wenn ich auf den *survival mode* umschalte, allerdings ertappe ich mich dann dabei, wie ich heimlich Ersatzroutinen bilde. Einige Alltagsroutinen habe ich erläutert: die Eigenart, das gleiche Abendbrot zu essen, oder die, Dinge in Ordnung zu bringen. Es gibt noch andere. Vielleicht beginne ich an dieser Stelle mit einer Routine, die, wie erwähnt, im Herkunftswort *route* angelegt ist: Ich schlage immer die gleichen Wege ein. Mit meinem mangelhaften Orientierungssinn ist diese Wegfixierung nicht zu erklären, schließlich kenne ich den Ort, an dem ich seit geraumer Zeit lebe, das historische Zentrum von Mexiko-Stadt, wie die Taschen meiner Samtjacke. Auch pragmatische Gründe sind nur bedingt mit im Spiel. Ich wohne an der *Alameda Central,* nehmen wir also zum Beispiel die Strecke von der *Alameda,* dem Stadtpark, bis zum *Zócalo,* dem Hauptplatz. Mehrere Wege führen ab *Bellas Artes* zu diesem Platz, ich gehe trotzdem nur die Strecken A oder B. Gewiss: A und B sind etwas kürzer und B hat den Vorteil, dass man durch die Fußgängerzone gehen kann. Im Gegensatz zu C ist es aber sowohl auf A als auch auf B oft unangenehm voll. Laufe ich nun die Strecke C, dann gibt es zwei Möglichkeiten, die im Wesentlichen damit zu tun haben, wie offen ich in dem betreffenden Moment für Veränderungen bin. Entweder es ist ein guter Tag und ich begrüße es, in schöner Atmosphäre, die Strecke C führt durch eine Prachtstraße, ungehindert zum *Zócalo* zu kommen, oder es ist ein schlechter Tag und mir wird mit jedem Schritt unbehaglicher zumute, weil mir die vertraute Umgebung fehlt und ich mir seltsam verloren vorkomme, selbst wenn ich weiß, wo ich bin und wo ich hingehe. In letzterem Fall gibt es freilich ein Gegenmittel: Ich biege an der nächsten Ecke ab und laufe zu B oder A zurück. Eng verknüpft mit dem Laufen ist auch das Ablaufen, das heißt, was, wann, wie im Alltag geschieht. Um es bereits vorwegzunehmen: Ich bin kein Minuten-fuchser. Zwar brauche ich einen geregelten Tagesablauf, um mich gut zu fühlen, es ist mir aber egal, ob ich um 6.30 Uhr aufstehe oder um 6.40 Uhr, ob ich um 19.00 Uhr zu Abend esse oder um 19.10 Uhr. Viel später sollte es dann jedoch in puncto Abendessen nicht mehr werden. Wenn mein Mann um 19.15 Uhr nicht in der Tür steht, obwohl das Abendbrot für 19.00 Uhr angesetzt war, werde ich unruhig; wenn er um 19.30 Uhr nicht da ist, esse ich ohne ihn, und das nicht etwa, weil der Hunger an mir nagt, sondern weil sonst das Abendprogramm aus dem Takt gerät. Anders formuliert: Bei einigen Tätigkeiten poche ich darauf, dass sie immer gleich und/oder zur gleichen Zeit ablaufen, bei anderen bin ich recht flexibel, solange Grundabläufe nicht gestört werden. Ob ich nun nach dem Aufstehen erst den Computer oder die Kaffeemaschine anschalte oder, um beim Kaffee zu bleiben, beim Kaffeekochen erst das Pulver in den Filter fülle oder das Wasser in den Behälter, ist einerlei, solange ich vor dem Frühstück meine Viertel-stunde habe, um im Internet Zeitung zu lesen und die erste Tasse Kaffee zu trinken. Frage ich mich, welche Routinen die wichtigsten sind, dann kommen mir neben dem Putzen und Ordnen zwei in den Sinn: die Essens- und die Kleiderroutinen.

Wenn mein Mann mich aufziehen will, verkündet er in gedehntem Spanisch, dass er heute gern »enchilaaadas« in roter Salsa zum Abend-essen hätte, morgen »tlacoooyos« mit Quarkfüllung und übermorgen »quesadiiillas« mit Kürbiskernblüten. Oft gehe ich ihm auf den Leim und schaue ihn erschrocken an, bis er mir zuzwinkert und ich weiß: Es war nur ein Scherz, ein *bolillo* oder ein *bisquet* genügt ihm, zumindest seit wir nach der Brötchenkrise ein rotierendes Auswahlsystem ein-geführt haben. Im Übrigen sollte man sich von der Brötchenkrise nicht täuschen lassen – ich bin ein Feinschmecker. Dass ich das Gleiche zu essen suche, bedeutet nicht, dass mir Nahrungsmittel gleich sind, denn dann könnte ich ja auch wahllos irgendetwas in mich hineinstopfen. Vielmehr bedeutet es, dass ich bestimmte Nahrungsmittel sehr mag und mich umgehend an sie gewöhnen kann – und will. Wenn ich von Essensroutinen spreche, dann beziehe ich mich also nicht nur darauf, wann ich esse, nämlich drei Mal täglich innerhalb gewisser Zeitfenster, sondern was ich esse. Extreme Essensvorlieben hatte ich bereits als Kind, diese wurden jedoch durch das Leben als Familie in ausgewogene Bahnen gelenkt. Dass es bei uns wenig Spielraum für Extrawürste gab, war nicht nur ein erzieherisches Prinzip. Meine Mutter war eine ausgezeichnete Köchin und meine Eltern legten viel Wert auf gemeinsame Mahlzeiten. Selbst wenn ich nur Erdbeerjoghurts essen wollte oder Schokomüsli oder Wurstbrote oder Fischstäbchen – wenn die Gemüsepfanne erst einmal auf dem Tisch stand oder die Lammkoteletts im Knoblauch brutzelten, konnte ich nicht widerstehen und aß, was es gab, und in der Regel mehr als alle anderen. War meine Mutter nicht zu Hause, aß ich allerdings nur das, was bei mir hoch im Kurs stand. Als ich auszog, wurde diese Einseitigkeit zur Regel, die Vielseitigkeit zur Ausnahme, nicht nur in Bezug auf das Frühstück und das Abendessen, was ich als unbedenklich und weitverbreitet einstufen würde, sondern zudem auf das Mittagessen. Die Welt war für mich in Ordnung, wenn ich mittags das Gleiche essen konnte, Veränderungen im Speiseplan empfand ich als Störung. Zu Studienzeiten aß ich schon aus diesem Grund nur in der Mensa, wenn es einen speziellen Anlass oder Ćevapčićis gab. Es grenzt an ein Wunder, dass ich einen Mann gefunden habe, der sich an meine Eigenarten gewöhnt hat und sich anpasst, nicht in allen Dingen, aber in einigen. Er kann damit leben, dass ich im Urlaub stets das gleiche Restaurant ansteuere und dass es bei uns selbst an den Wochenenden Essensroutinen gibt: die Pfannkuchen zum Frühstück, die er – freiwillig – zubereitet, das Mittagessen an ein und demselben Ort, der Espresso am Nachmittag, das Abendessen *como siempre*. Mein Mann fragt mich manchmal, ob es mir nicht irgendwann zum Hals heraushänge, immer das Gleiche zu essen. Irgendwann ja, sage ich ihm dann, aber momentan eben noch nicht. Das Vollkornbrötchen mit Käse, das die Brötchenkrise auslöste, aß ich beispielsweise über ein Jahr mit großem Appetit. Erst als mir mein Nachbar, ein alter Spanier, *perdón:* Katalane, eines Abends bewies, wie gut geröstetes Brot mit Tomate und Öl schmeckt, verlor es über Nacht an Reiz und wurde seitdem durch eine mediterrane Alternative ersetzt, von der mein Mann bisher auf Wunsch verschont blieb: ein Stück geröstetes Vollkornbaguette mit einer Olivenpaste und ein Schälchen mit Oliven. Wie lange das mit dem neuen Tick, dem Oliventick, dauern wird, ist ungewiss, vielleicht Monate. Fest steht: Beim Essen löst eine Routine die nächste ab.

Gehe ich der Frage nach, warum mir Essensroutinen wichtig sind, dann stoße ich auf mehr als Essensvorlieben. Mir gefällt, dass sie meinen Tag berechenbarer machen. Im Tagesablauf kann viel schiefgehen, aber eines weiß ich ziemlich genau: was es zu essen gibt. Mir gefällt, dass sie mein Leben einfacher machen. Ich muss mir nicht den Kopf zerbrechen, alles erfolgt automatisiert, das Einkaufen, das Zubereiten, das Einnehmen. Ohne Essensroutinen ist es sehr viel schwieriger: Dann denke ich pausenlos über Essensfragen nach, meist ohne eine Entscheidung zu treffen, dann stehe ich im Supermarkt wie verloren zwischen den vollen Regalen herum und gehe nicht selten am Ende mit leeren Händen und knurrendem Magen nach Hause. Die Routinen bewahren mich somit vor der Planlosigkeit. Dennoch gab es gerade in der Vergangenheit Aspekte, die mir an meinen Essensroutinen selbst nicht gefallen haben, allen voran das starre Festhalten an ihnen und die fehlende Ausgewogenheit der Mahlzeiten. Das Leben in Mexiko hat in dieser Hinsicht einen positiven Einfluss, denn es schützt mich vor mir: Morgens und abends esse ich gleich, mittags wohldosiert anders. Das liegt nicht etwa an einem späten Loslösungs- oder gar Lernprozess, sondern am System der *fonda*. Viele Mexikaner essen in kleinen Restaurants, die einen Mittagstisch anbieten: Es gibt eine Suppe, einen Teller mit Reis und Salsa und ein Hauptgericht. Für mich stellt die *fonda* einen funktionierenden Kompromiss dar, weil sie sowohl meinen Drang nach festen Essgewohnheiten befriedigt als auch ernährungsphysiologische Bedenken gegen immergleiche Mittagessen zerstreut. Zudem zwingt sie mich, in der Mittagspause meine Einsiedelei zu verlassen und mit der Welt in Kontakt zu treten. Ich esse unter der Woche immer in dem gleichen Restaurant, seit meiner Rückkehr aus den Staaten in einem vegetarischen, setze mich immer an den gleichen Tisch in der Ecke, bestelle immer den gleichen Salat (es gibt vier verschiedene), die warme Suppe (es gibt auch eine kalte) und wähle dann aus den vier Tagesoptionen das Hauptgericht aus. Das System der *fonda* beweist: Ich bin beim Essen zu Kompromisslösungen fähig, solange ein gewisses Maß an Wiederholung gewährleistet wird. Ähnlich verhält es sich in Bekleidungsfragen.

Die Frage musste der Mutter einer Schwimmkollegin seit Längerem auf der Zunge gebrannt haben, denn eines Tages, als sie uns vom Schwimmtraining abholte, ich muss damals dreizehn Jahre alt gewesen sein, drehte sie sich im Auto plötzlich zu mir um und platzte ungestüm mit ihr heraus:»Du hast immer die gleiche Hose an. Ist das etwa die einzige Hose, die du hast?« Die Frage kränkte mich.»Nein«, antwortete ich gereizt,»aber das ist meine einzige Lieblingshose!« Am liebsten wäre ich ausgestiegen. Auch im Erwachsenenalter wurden Besonderheiten in Bekleidungsdingen nicht immer diskret behandelt. »Da kommt Rotkäppchen!«, riefen einige Mitstudenten belustigt, wenn ich im Winter in dem dunkelroten Kapuzenmantel, den ich als Sechzehnjährige bekommen hatte, durch die Gänge lief. Sie waren nicht die Einzigen: An ein Rotkäppchen fühlte sich später auch die Betreuerin meiner Masterthese erinnert und schwärmte davon, wie gut die Kapuze zum Dutt und der Mantel zum Rock passe. Irgendwann hatte ich genug vom Rotkäppchenlook, nicht aber von den Röcken. Als Studentin trug ich ausschließlich Röcke: im Herbst, Winter und Frühling schwarze, im Sommer geblümte. Wie das kam? Ich hatte in einem Kleiderladen knöchellange schwarze Röcke entdeckt, die mir sehr gefielen, weil sie elegant aussahen und doch bequem waren. In wenigen Wochen kaufte ich vier Mal den gleichen und zwei Mal einen fast identischen Rock, wobei zwei der Röcke für den sofortigen Gebrauch waren und vier für den zukünftigen. Ein Leben ohne Röcke war für mich bald nicht mehr vorstellbar: War Nummer eins in der Wäsche, zog ich Nummer zwei an, und als die Nummern eins und zwei Abnutzungserscheinungen aufwiesen, griff ich erst auf Nummer drei zurück und schließlich auf Nummer vier. Nur im Sommer war ich flexibler und zog Röcke und Kleider mit Blumenmuster an. Die langen Röcke wurden wie der Haardutt zu einem Wahrzeichen. Die letzten schwarzen Röcke landeten erst fünfzehn Jahre nach ihrem Kauf hier in Mexiko im Altkleidersack – und das auch nur, weil mir die kalten Winter Torontos dermaßen zugesetzt hatten, dass ich in der Zwischenzeit auf Hosen umgestiegen war. Sieht man von einem drei-jährigen Intermezzo mit knielangen schwarzen Röcken ab, hat sich an meinen Vorlieben seither nicht viel geändert. Mein Stil ist nahezu gleich geblieben: Ich kombiniere dunkle Hosen, wie zuvor die Röcke, mit ein-farbigen Oberteilen und Jacken, wobei Jacke Nummer eins kanarien-gelb ist!, großen mexikanischen Silberohrringen und buntseidigen Schals. Zwar hat der Wiederholungsdrang in diesem Bereich mittler-weile nachgelassen, weil ich meine Beweggründe besser durchschaue. Es kommt jedoch weiterhin vor, dass ich von einem Kleidungsstück, das ich besonders schön oder nützlich finde, mehr als eins kaufe. Was früher der lange schwarze Rock war, ist heute die schlanke schwarze Hose mit den Mattsilberknöpfen, von der drei Exemplare feinsäuber-lich gestapelt im Schrank liegen.

Versuche ich diese Wiederholungstaten psychologisch zu deuten, würde ich sagen: Hinter dem immergleichen Stil steckt der Wunsch nach Kontinuität, was nicht nur etwas mit Alltagsbewältigung zu tun hat, sondern auch mit der angesprochenen Angstkontrolle. Mir steckt eine angesichts überfüllter Kleiderläden reichlich irrationale Angst in den Knochen, das Problem »Kleidung« könnte sich eines Tages als unlösbar erweisen: Ich habe Angst, meine Lieblingskleider könnten irgendwann untragbar sein, ohne dass ich einen passenden Ersatz für sie in greifbarer Nähe hätte; ich habe Angst, mich im falschen Moment auf Kleidersuche begeben zu müssen und nicht fündig zu werden; ich habe Angst, in der Fülle der Möglichkeiten die Orientierung zu verlieren. Die Gefahr der drohenden Orientierungslosigkeit vor dem Kleiderschrank ist nicht so abwegig, wie sie Außenstehenden vielleicht erscheint, denn mit der Kleiderwahl verhält es sich ein bisschen wie mit der Routenwahl. Alles hängt von der Gemütsverfassung ab: Manchmal tut es gut, sich auf weniger vertraute Wege zu begeben, manchmal endet es in einer Sackgasse. Eines ist sicher: Überstürzte oder erzwungene Veränderungen können auch in simplen Bekleidungs-angelegenheiten zu Entscheidungsblockaden führen. Das sieht dann folgendermaßen aus: Ich stehe im Kimono der Woche vor dem Schrank, fasse dieses an und jenes, versinke in endlosen Grübeleien und werde mit jeder Option, die ich andenke und verwerfe, rat- und rastloser. So geordnet mein Kleiderschrank eigentlich ist und so sehr er von meinen Mehrfachkäufen geprägt ist – ignoriere ich die Wiederholungstäterin in mir zur falschen Zeit, kann er sich vor meinen Augen in ein Kleider-labyrinth verwandeln, in dem ich mich nicht mehr zurechtfinde und ziellos herumirre. Eigenkampagnen für weniger vertraute Stücke sind nutzlos, auch Fremdvorschläge erreichen mich in diesem Stadium kaum, wohl aber die vertrauten Weggefährten. Sie entpuppen sich als die entscheidenden Wegweiser: Sobald ich mich nämlich auf die Kleider und Kombinationen besinne, die ich ständig trage, wird das Labyrinth wieder zum Schrank und die Rat- und Rastlosigkeit hat ein Ende. Wenn ich also einmal mehr auf die schwarze Hose mit den Matt-silberknöpfen zurückgreife, das eierschalenfarbene Oberteil mit dem Rundausschnitt und die Granatkette mit den Silbermasken, dann fühlt sich meine Welt in Bekleidungsdingen an, wie sie sein soll, in Ordnung, und der Tag kann weitergehen. Für alle Werktage gilt übrigens, hier frei nach Nicole Schusters originellem *Wirsing*-Titel: *Ein guter Tag ist ein Tag mit* – Texten!

Forschen als Struktursuche

»Ich sehe das wie ein Spiel«, sagte ich in die Runde hinein, »wie ein Puzzle: Man hat all diese Teile vor sich liegen und muss sie zusammensetzen, bis sie passen!« Alle schauten mich an, einige irritiert. Eine Kommilitonin hatte mich gefragt, wie ich es fertiggebracht habe, bei den schriftlichen Examensprüfungen im Fach Politikwissenschaft die Bestnote zu erhalten, und spontan fiel mir nur das Puzzlespielen ein. Es war nach den mündlichen Prüfungen: Wir, die Teilnehmer des Examenskolloquiums Theorie, saßen sichtlich gelöst zum Abschiedstrunk mit dem Professor in einem Mannheimer Café. Ob der Professor, der für seinen Kampf gegen die Noteninflation bekannt war, insgeheim erstaunt war, dass eine Studentin, nunmehr Absolventin, seine Prüfung mit einem Puzzle verglichen hatte? Er ließ sich nichts anmerken und ich werde es nie erfahren, aber bis heute vergeht kaum ein Tag, an dem ich nicht an ihn denke, an dem ich mich nicht dabei ertappe, mir prüfend über die Schulter zu schauen und mich mit einem der Maßstäbe zu messen, die ich durch ihn und seine Seminare vermittelt bekommen habe – und die schon damals an vielen Lehrstühlen vom Aussterben bedroht waren. Andere bewunderten Popgrößen, ich diesen Politikprofessor, weil er gütige Augen hatte und weil er es genau nahm, mit jedem Wort, das er sprach und schrieb. Ich sehe ein, dass der Vergleich zwischen einer vierstündigen Problemanalyse und einem Puzzlespiel hinkt, immerhin geht es im ersten Fall um das Erarbeiten einer neuen Denkstruktur und im zweiten Fall um das Ausfüllen bestehender Papplücken. Blicke ich jedoch zurück, wie meine Politikprüfungen abliefen, dann haftete meiner Herangehensweise tatsächlich etwas Puzzlehaftes an: Im ersten Drittel dachte ich nur; im zweiten Drittel sammelte ich erst Gedankenblöcke auf den Schmierblättern und legte dann numerisch die Reihenfolge zwischen ihnen fest; im letzten Drittel kopierte ich die Gedankenblöcke schließlich nach Nummern in das Prüfungsheft: eins, zwei, drei … Dass ich vor lauter Strukturierungsmaßnahmen am Ende der ersten Prüfung nicht mehr dazu kam, den Schlussblock sauber abzuschreiben, und nur noch entschuldigend »wegen fehlender Zeiteinteilung« auf das Schmierblatt Nummer x verwies, brachte mir ein Minus hinter einer Eins ein. Mein persönliches Ziel hatte ich dennoch in beiden Prüfungen erreicht: Ich hatte die (für mich) schlüssigste Argumentationslinie erarbeitet. Die Puzzleszene legt nicht nur die Vermutung nahe, dass ich an jenem lauen Frühlingsabend mal wieder die Rhetorik in einer Frage überhört hatte – zumindest bezweifle ich heute, dass die Kommilitonin wirklich eine Antwort erwartet hatte. Sie sagt zudem etwas darüber aus, wie und warum ich wissenschaftlich arbeite. Der höchste akademische Grad wurde mir 2005 verliehen, zusammen mit einer Goldmedaille. Warum also mache ich weiter? Warum beiße ich mich weiterhin – und mittlerweile unbezahlt – an Themen und Texten fest, an die Ottilie Normalbürgerin keine zwei Gedanken verschwenden würde, und gehe Problemstellungen so lange nach, bis ich die (für mich) beste Lösung gefunden habe? Weil es mir bei den Projekten eben nicht nur um den Erkenntnisgewinn an sich geht, sondern um das Abtauchen in eine Welt, wie sie mir gefällt, »widewidewitt!«

Analysewelten

So konfliktreich ihr Kinder-, besonders ihr Schuldasein auch immer ist, so gehen sie doch mit starker Spontaneität [sic] und Originalität »ihren« Weg, unbeirrt und traumhaft sicher, finden öfters in

abseitige, oft in hochspezialisierte, wissenschaftliche Berufe,
manchmal mit ans Geniale grenzenden Fähigkeiten; ja es scheint
uns, als wäre für gewisse wissenschaftliche oder künstlerische
Höchstleistungen ein Schuß »Autismus« geradezu notwendig:
eine gewisse Abwendung vom Konkreten, Simpel-Praktischen,
eine Einengung auf ein bestimmtes, mit starker Dynamik und
hoher Originalität bearbeitetes Spezialgebiet, manchmal bis zur
Verschrobenheit ... (Asperger, Differentialdiagnose)

Am Anfang sieht alles noch ganz harmlos aus, man wird auf ein Thema aufmerksam, man liest einen Text, man bekommt eine Frage gestellt. Dann aber kommt der Kimono-Effekt: Man findet Geschmack daran und mit dem Geschmack kommt der Hunger. Gut fühlt er sich an, der Hunger nach Erkenntnis, weil er für euphorische Gemütszustände sorgt und das Blut in den Adern pulsieren lässt, doch er hat auch etwas von einem Raubtier an sich, das sich nicht immer an die Kette legen lässt: Er krallt sich in allen Gehirnwindungen fest, manchmal so tief, dass es weh tut, und manchmal so lange, bis man das Gefühl hat, von ihm verschlungen zu werden. Er fordert alles und gibt keine Ruhe, bis man ihm das gewünschte Häppchen Erkenntnis reicht, möglichst druckreif zubereitet auf dem Papier. Wenn mich der Forschungshunger packt, dann bin ich Jagende und Gejagte zugleich. Neu ist das nicht. Sieht man von einigen merkwürdigen Marienkäferexperimenten ab, dann hatten fast alle meine Interessen ab dem Schulalter mit Religion, Literatur, Psychologie oder Zeitgeschichte zu tun, mit dem Lesen von Texten und dem Lösen von Problemen. Müsste ich wie in einem Bewerbungsbogen spontan eine geistige Fähigkeit auswählen, die ich überdurchschnittlich besitze, würde ich »analytisches Denken« ankreuzen, auch wenn das für diejenigen seltsam klingt, die Problemlösung ausschließlich mit den Textaufgaben in der Mathestunde verbinden. Wer mich kennt, der weiß: Ich analysiere fast alles, was mir in die Quere kommt – und jeden, mich selbst eingeschlossen.

Kaum hatte ich lesen gelernt, konnte ich meine Kinderbibel nicht nur auswendig, sondern pflückte sie auseinander und interpretierte sie Vers für Vers. Wenig später kam die ungekürzte Version ohne Bilder an die Reihe. Ich kann allenfalls darüber spekulieren, warum ich damals in einem kirchenkritischen Umfeld zum Bibelfan wurde. Sicherlich wollte ich über die Auseinandersetzung mit Religionsfragen meinen Platz in der Welt näher bestimmen; letztlich ging es aber wohl auch darum, dass ich die Geschichten als Geschichten spannend fand und ausfindig machen wollte, was hinter den Buchstaben lag. Heute würde ich als Germanistin sagen, ich war auf der Suche nach den verborgenen Sinnpotentialen biblischer Texte. Da die katholischen Lehrkräfte von meinen eigenwilligen Bibelauslegungen wenig angetan waren, lief ich zu den evangelischen über, die sich über jeden bibelfesten Interessenten freuten, der mit ihnen an Freitagnachmittagen die Evangelien durchexerzieren wollte. (Ich stand durch die Adoption zwischen den Konfessionen.) Noch am letzten Tag meiner Schulzeit schrieb sich meine Exegesefreudigkeit in die Schulgeschichte ein. Mit einer Eins mit Sternchen lockten sie mich, die drei Prüfer in der mündlichen Abiturprüfung, doch so einfach ließ ich mich nicht aus meinem Lektüreparadies vertreiben. Als sie mir mitteilten, dass die Prüfungszeit längst überschritten sei und dass es ohnehin keine bessere Note als die Eins gebe, fiel ich aus allen Wolken: »Jetzt wird es doch gerade erst spannend!« Statt den Koran zuzuklappen, vertiefte ich mich in die genderspezifischen Implikationen der nächsten Sure. Diese Sternstunde markierte nicht nur das Ende der Schulzeit, mit ihr flaute auch ein langjähriges Spezialinteresse ab: Die Arbeit mit religiösen Texten trat in den Hintergrund, die Arbeit mit literarischen und politischen Texten in den Vordergrund. Es gab drei Gründe, warum ich mich entschloss, Germanistik und Politik zu studieren: Ich wollte keine Pfarrerin mehr werden, alternative Studienträume waren ausgeträumt, und ich hatte in der Oberstufe Deutsch und Sozialkunde lieben gelernt. Dass ich zwei meiner Spezialinteressen zu Studienfächern machte, war eine der besten Entscheidungen, die ich je getroffen habe: Durch das Studium intensivierte und professionalisierte ich sie, und mit jeder Arbeit, die ich verfasste, spürte ich sie stärker, die Lust am Schreiben. Erst in den schriftlichen Diskursen konnte ich meine Analysewut systematisch ausleben – und nicht nur sie.

»[E]s scheint uns, als wäre für gewisse wissenschaftliche oder künstlerische Höchstleistungen ein Schuß ›Autismus‹ geradezu notwendig«, schrieb Asperger in dem eingangs zitierten Artikel. Von »Höchstleistungen« möchte ich hier nicht reden, allenfalls vom Streben danach, aber wenn ich mich frage, ob ich in meinen neueren Arbeiten, das heißt den literaturwissenschaftlichen, einen »Schuß ›Autismus‹« erkennen kann, dann fallen mir auf Anhieb drei Eigenarten ein: Ich bin versessen auf Textdetails, Kapitelsymmetrien und Kerninteressen. *Close-readings* sind meine Spezialität. Nichts tue ich lieber, als mich in eine Textpassage zu vertiefen, sie gegen den Strich zu lesen, wieder und wieder, sie in ihre Bestandteile zu zerlegen, hinter dem Gesagten das Ungesagte aufzuspüren, eine These zu formulieren und meine Ergebnisse strukturiert zu Papier zu bringen. Sieht man sich das Inhaltsverzeichnis meiner Dissertation an, dann fällt auf, wie oft ich über kleine Texteinheiten ein Textganzes zu erschließen suche. Anhand der »Ode des Schmerzes« etwa untersuche ich die Furchtkonstellationen in den Aufzeichnungen des Bildhauers und Dichters Heinrich Keller in der napoleonischen Besatzungszeit, anhand des »bösen Talmudischen« gehe ich den problematischen Ausführungen eines Zerbster Anonymus zur deutschen Judenfrage auf den Grund, anhand des »schlangenhaft Schleichende[n]« begebe ich mich auf die Spur nach einer schwer fassbaren Angst in Hebbels Tagebüchern und nach seinen dramatischen Mechanismen der Affektbewältigung. Gleichzeitig weist die Aufteilung der Kapitel auf einen weiteren Punkt hin: Struktur ist mir nicht genug, ich strebe nach Symmetrie! Neben den notorischen Paragrafenmanipulierungsversuchen ist das womöglich die gewöhnungsbedürftigste Eigenart, die sich in meiner literaturwissenschaftlichen

Arbeit finden lässt. So unterschiedlich die Texte und Kontexte auch sein mögen – ich strebe grundsätzlich nach der größtmöglichen Symmetrie im Aufbau einer Arbeit, insbesondere bei vergleichenden Analysen. Eine zentrale Rolle spielt dabei eine Gliederungszahl, die ich gleich nach der Kennlernphase mit dem Text festlege. Kaum waren die theoretischen Weichen in der Dissertation gestellt, galt für alle Unterkapitel, die im Inhaltsverzeichnis aufgeführt und analog zueinander angelegt waren, die magische Drei: drei und drei bei Keller, drei und drei beim Anonymus, drei und drei bei Hebbel. Das ist kein Einzelfall. In meiner Anthologie *Konquista spielen,* die Erzählungen und Dramen über Mexiko neu herausgibt, hat sich die Vier durchgesetzt. Die Textsammlung enthält nicht nur vier Texte; jede Einführung zu einem Text ist zudem nach einem entstehungsgeschichtlichen Abriss in vier Analyseteile unterteilt, die spiegelbildlich aufgebaut sind, was vier mal vier ist gleich sechzehn Mal durch den einleitenden Satz deutlich wird, der, wie im Herbst 2010 eine Rezension bemerkte, sowohl als Zwischenüberschrift als auch als Zusammenfassung fungiert:

> *Die Konquista wird zum Heldengedicht. Die Konquista wird zum Geisterkampf. Die Konquista wird zur Vorurteilsgenese. Die Konquista wird zur Trennungsgeschichte. Die Konquista wird zum Bekehrungsidyll. Die Konquista wird zur Einigungsvision. Die Konquista wird zum Hühnchenspektakel. Die Konquista wird zum Zerstörungswerk. Die Konquista wird zur Stimmenvielfalt. Die Konquista wird zur Menschen-Menagerie. Die Konquista wird zum Rechtfertigungsakt. Die Konquista wird zur Mestizaje-Romanze. Die Konquista wird zum Rassenkampf. Die Konquista wird zur Kommunikationsmalaise. Die Konquista wird zur Anklageschrift. Die Konquista wird zur Bekehrungsfalle. (Thiemer-Sachse)*

Noch Fragen? Und weil ich gerade leidenschaftlich bei diesem Thema bin: Ich habe in den letzten Monaten wiederholt damit gekämpft, dass

es im vorliegenden Projekt nicht genügend Symmetrie in der Unter-
kapitelaufteilung gibt. Hätte mir der Mathematiker vor Ort nicht glaub-
haft versichert, dass er gerade diese Mischung aus gerade und ungerade
gelungen finde – ich wäre längst an meiner Symmetriefixierung verzweifelt und hätte dieses Schreibexperiment für gescheitert erklärt.
Manchmal geht es also nicht ohne einen gewissen Zwang zur Kon-
textualisierung und zur Zügelung: Ich muss mich zwingen, einzelne
Passagen nicht über ganze Texte zu stellen, Symmetrien nicht über
Inhalte. Apropos Zwang: Er wirkt nur, wenn es um Analysefein-
heiten innerhalb eines Projektes geht, nicht aber bei der Auswahl
eines Projektes. Ohne Interesse habe ich keine Motivation und ohne
Motivation kann ich nicht forschen, zumal markttechnische Überlegungen mich ziemlich kalt lassen. Dies sieht man an den Projekten
der letzten zwölf Jahre: Statt mich in den sicheren Gefilden des Kanons
aufzuhalten, betrat ich oft Neuland, auch wenn das später das Gros
der Kollegen nicht interessierte. Goethes *Faust* ist ein Meisterwerk,
die tausendste Analyse darüber zu schreiben, wäre mir dennoch ein
Gräuel, nicht nur deshalb, weil der Text nicht zu mir spricht, sondern
weil ich mich von den Bergen an Sekundärliteratur, die ich vorerst
abarbeiten müsste, erdrückt fühlen würde. Fremde Stimmen eignen
sich hervorragend, um der eigenen mehr Kontur und Gewicht zu ver-
leihen; zu viele davon empfinde ich jedoch als störend und blende sie
aus, um mich nicht zu verzetteln. Das ist sicherlich mit ein Grund,
warum es mir weniger bekannte Autoren und Texte angetan haben:
Am liebsten habe ich es, wenn ich Pionierin spielen darf, wenn es
nur mich gibt und den Text, den Text und mich. Als ich der Mannheimer Professorin, die meine Doktormutter geworden wäre, wenn ich
mich am Ende nicht doch für das Stipendium in Toronto entschieden
hätte, von meinen Theorieplänen für die Dissertation erzählte, blickte
sie mich mit einer Mischung aus Freude und Sorge an: Freude, weil
ich die faszinierende Containment-These einer Frankfurter Psycho-
analytikerin auf dramatische Texte anwenden wollte, und Sorge, weil

sie angesichts dieser dezidiert feministischen Ausrichtung gekoppelt mit dem Außenseiterthema »Judith« meine Zukunft an der Universität gefährdet sah. Wie recht sie behalten sollte, stellte ich einige Jahre später fest. Ich habe mein Thema dennoch nie bereut und würde es wieder so machen, denn ich spürte damals schon, dass es gegen Forschungsheißhunger nur ein Rezept gibt: das Erforschen, bis man das Thema satt hat.

Natürlich gab es in den Studien- und Promotionsjahren und in den Jahren danach größere und kleinere Hungerattacken, je nachdem, um welche Projekte es sich handelte. Aber wenn mich der große Hunger überkam, dann war er kaum mehr zu bändigen, und ich reagierte eigentlich immer ähnlich, es war fast egal, ob es um das Erstlingsdrama eines Wesselburener Dichters oder um das sozialistische Experiment in Chile ging: Alles, was nicht unmittelbar zur anstehenden Text- oder Problemanalyse beitrug, wurde als Störfaktor mit potentieller Verstrickungsgefahr gewertet. Der »Schuß ›Autismus‹« zeigte sich somit vor allem darin, wie sehr ich in meinen Projekten verschwand. Nicht nur Seminare und Jobs wurden in Projektzeiten plötzlich als Zeitdiebe wahrgenommen, die auf Abstand zu halten waren, sogar Eltern und Freunde. Eingedeckt mit der nötigen Sekundärliteratur verschanzte ich mich in meiner Wohnung, aß jeden Mittag das Gleiche und war für anderweitige Dinge kaum ansprechbar, bis ich das (für mich) beste Ergebnis vor mir auf dem Tisch liegen hatte. Die Pellkartoffeln mit Kräuterquark sehe ich noch heute vor mir. Wer glaubt, dass ich nach Wochen des Einigelns und Kartoffelessens mit blassem Gesicht und Ringen unter den Augen wieder auftauchte, den erinnere ich daran, dass Igelwesen anders ticken. Die Analyseauszeiten hatten eher etwas von Nervenkuraufenthalten an sich, die mich neue Kraft schöpfen ließen. Beim biografischen Stichwort »Toronto« etwa denke ich nicht nur an den azurblauen Himmel über *Bay Street* an einem frischen Septembermorgen. Ich denke auch mit Entzücken an die Schreibphase der Dissertation zurück, daran, wie wunderbar es war, monatelang an diesem gerundeten Beistelltisch von *Ikea,* den ich (und nur ich) Schreibtisch nannte, zu sitzen und zu denken und zu schreiben: Morgens, mittags und abends gab es Judith pur. Der Antriebsmotor für das Aufgehen in meinen Forschungsprojekten war stets mein Forschungshunger und nicht, wie mir manchmal unterstellt wurde, ein Hunger nach Noten oder Abschlüssen oder gar eine Form von Arbeitssucht. Natürlich fühlt es sich gut an, seinen Hobbys nachgehen zu dürfen und dafür am Ende ein Zeugnis zu bekommen oder ein Buch von sich im Regal stehen zu haben. Dass ich aber beispielsweise nach dem Magister promovierte, hatte wenig mit dem Erwerb eines Doktorgrades zu tun und viel mit dem Wunsch, endlich eine Antwort auf die Frage zu finden, warum es im deutschen Drama des 19. Jahrhunderts zu einer Revolution in der Rezeption des Judith-Stoffes kommt. Und im Gegensatz zum Arbeitssüchtigen, der die Arbeit braucht wie der Trinker seinen Wodka, faulenze ich nach dem Abschluss eines Projektes ausgesprochen gern. Wie gesagt: Während ich von einer Erweiterung der Sammlungen absehen könnte, nicht aber von der Beschäftigung mit ihnen, wäre die Aufgabe eines geplanten Buchprojektes ein schwerer Schlag. Außer dem Glücks- und Sinnstiftungsfaktor gibt es nämlich den Beruhigungs- und Ordnungsfaktor: Forschen ist das ideale Mittel, um Nerven zu beruhigen und Welten in Ordnung zu bringen.

Als Schwimmerin genoss ich die Sekunden nach dem Start ganz besonders: den Sprung vom Block ins Wasser, die ersten Brustzüge unter Wasser. Wenn ich in ein Lektüreprojekt eintauche, fühle ich mich immer ein wenig in die alten Schwimmerzeiten zurückversetzt, was weniger an meiner blühenden Fantasie liegt als an den Stöpseln in meinen Ohren. Ich arbeite seit Jahren mit Ohrstöpseln, ich mag das Dumpfe, fast Taube in meinen Ohren. Die Stöpsel geben mittlerweile automatisch ein Signal ans Gehirn ab: einmal Konzentration bitte! Kaum erhalte ich das Signal, gleite ich in meine Welt ab. Auch wenn mein Umfeld von diesen Tauchgängen nicht immer begeistert ist – auf meine Psyche wirken sie sich uneingeschränkt positiv aus: In

Denkwelten erlebe ich Stille statt Lärm, Bündelung statt Zerstreuung, Ordnung statt Chaos. Etwas pathetisch könnte man sagen: Ich setze der Unordnung der Außenwelt die Ordnung einer Analysewelt entgegen. Die ordnende Funktion des Forschens ist eng damit verknüpft, dass ich zu Beginn eines jeden Projektes Zeitpläne erstelle, an die ich mich in der Regel auf den Tag genau halte. Andere bauen Projekte in ihr Leben ein, ich arrangiere mein Leben mit Vorliebe um meine Projekte herum: Erst wenn das Velde-Kapitel geschrieben ist oder ein Artikel oder dieses Buch, so könnte eine typische Aussage von mir lauten, kann ich Frau Ottilie treffen, zum Zahnarzt gehen, über Käsebrötchen nachdenken oder Wasserhähne reparieren lassen. Interessant ist in diesem Zusammenhang aber vor allem die Dynamik, die der Forschungsvorgang selbst entfaltet. Am Anfang eines Projektes herrscht Unordnung: Textbrocken, Lesarten, Teilthesen spuken einem im Kopf herum und je mehr man liest, desto schlimmer wird es. Dagegen hilft nur eines: Sich auf die Kerntexte konzentrieren und Ordnung schaffen in Form einer klaren Arbeitsthese und Argumentationslinie. Die Faustregel ist auch hier: Je mehr Ordnung auf das Papier gebracht wird, desto mehr Ordnung entsteht im Kopf. In diesem Punkt wirkt Forschen wie Putzen und Räumen: Es klärt den Kopf ungemein – und trägt somit dazu bei, sich in der Welt da draußen besser zurechtzufinden. Letztlich findet durch die Abgrenzung von der Welt immer auch eine Annäherung an sie statt. Da ist zum einen der versöhnende Aspekt: Auch wenn ich manchmal an der Welt verzweifle – wenn ich in ihr das machen kann, was ich unbedingt machen will, dann habe ich meinen Platz in ihr gefunden, und das erfüllt mich mit Dankbarkeit. Und da ist zum anderen der kontaktstiftende Aspekt: Forschungshunger verbindet.

Ich habe ein Faible für Menschen, die ähnlich obsessiv sind wie ich, die die Künste lieben oder Musik machen oder eben Wissenschaften betreiben. Ich fühle mich von ihnen verstanden, selbst wenn sie ihre Abende damit zubringen, Algorithmen zu studieren. Vor einiger Zeit traf ich, Igelwesen, innerhalb von zwei Wochen drei Kolleginnen aus

Deutschland in meinem Lieblingsrestaurant zum Mittagessen, alle drei hatte ich durch meine Arbeit über Judith beziehungsweise Mexiko kennengelernt. Zweifellos begünstigen fachliche Überschneidungen das Finden eines gemeinsamen Nenners, das aber lässt den Faktor Chemie nicht automatisch inexistent werden – diese drei Frauen fand ich auch sonst anziehend. Über die Anonymität deutscher Universitäten und die Unnahbarkeit ihrer Lehrkräfte wird viel geschimpft. Ich habe es als Studentin anders erlebt und zu vergleichsweise vielen Professoren persönliche Beziehungen aufbauen können. Manchmal genügte ein Seminar, um eine bleibende Verbindung zu schaffen. Die erwähnte Mannheimer Professorin etwa freute sich noch dreizehn Jahre danach, dass der »Funke« ihres *Rasende-Weiber*-Seminars in meinen »Feuerwerkskisten-Kopf« gefallen war, und legte folgendes Geständnis ab: »Ich habe mich immer amüsiert, wenn Sie, bei erneuter Kontaktaufnahme, zunächst expositorisch den höflichen Topos der Erinnerungsnahme bemüht haben: Wie könnte ich mich jemals NICHT an Sie erinnern!« Allen meinen Herzensprofessor/-innen, wenn ich sie in einem Anflug von (Hebbel'scher?) Verklärung so nennen darf, war rückblickend zweierlei gemein: Sie waren ebenfalls nicht ganz von dieser Welt und ihre Forschung war ihr Lebenselixier. Als ich meinem Doktorvater nach drei Runden auf dem Arbeitsmarkt mitteilte, dass ich mir ein Leben als Wissenschaftszigeuner nicht vorstellen könne und nach Mexiko gehen wolle, um dort ungestört arbeiten zu können, brach es aus ihm heraus: Wie froh er sei, dass es noch Menschen gebe, denen es in erster Linie um die Forschung und nicht um die Karriere gehe! Andere hätten vielleicht die Weltfremdheit in seinen Worten gegeißelt, bei mir hatte er wie immer den richtigen Ton getroffen: Ich fühlte mich durch seine etwas andere Sicht ermutigt, eigene Wege zu gehen. Das freilich soll nicht darüber hinwegtäuschen, dass ich lange daran geknabbert habe, dass es mit einer festen Stelle in den Staaten nicht klappen wollte. Ich führe das nicht nur darauf zurück, dass der Arbeitsmarkt in meinem Fach hoffnungslos übersättigt und mein Verkaufsgeschick in Interviewsituationen limitiert ist, sondern dass der universitäre Betrieb, der auf beiden Seiten des Atlantiks inzwischen eher einer Legebatterie gleicht als einem Elfenbeinturm, als Arbeitgeber für mich gewisse Tücken bergen kann. Dies wurde in meinem Jahr in Massachusetts deutlich: Den Heimbonus, den ich in Toronto genossen hatte, gab es im *Pioneer Valley* nicht. Verschiedene Vorstellungswelten stießen aufeinander, rieben sich aneinander, bis ich nur noch einen Ausweg sah: Mexiko!

Weltenkollisionen

Ich könnte nun schreiben, dass es an Amerika lag, an subtilen Kulturunterschieden und Sprachhürden, an der Kleinstadtatmosphäre und den langen Winterabenden, an den Kollegen und den Katzen, aber damit würde ich es mir zu leicht machen. Sicherlich spielte das eine oder andere eine Rolle. Sich als Großstadtmensch im ländlichen Tal der Pioniere ohne Auto zurechtzufinden und meilenweit über gefrorene Gehwege schlittern zu müssen, um einen Liter Milch nach Hause zu tragen, blieb ein heikles Unterfangen. Und vielleicht waren die personellen Konstellationen in dieser Abteilung nicht die besten und das Katzenremmidemmi der berühmte letzte Tropfen. Die Sache war nur die: Es hatte vielversprechend angefangen und nordamerikanisiert war ich damals schon. Ich erinnere mich an den Abend, als ich vom Interview in Amherst kam und nach Toronto zurückflog: Ich war so euphorisch, dass mir das Sitzen im Flugzeug schwerfiel. Das Interview war gut gelaufen: Das fing bei dem entzückenden Bed and Breakfast im Neuenglandstil an, in dem ich untergebracht worden war, ging in der Abteilung weiter, in der ich für meine feministische Forschung gefeiert wurde, und endete damit, dass ich mit einem Kollegen – dem mit den Katzen – das *Yiddish Book Center* besuchte. Ich war voller Pläne nach den Tagen in Amherst und diese Stelle in deutsch-jüdischen Studien reizte mich wie wenige vor ihr: Ich wollte ein Buch über Judith und Antisemitismus schreiben, Jiddisch lernen, arbeitete an ersten Kursideen und begann, meinem Mann Amerika schmackhaft zu machen. Was also ging schief? Die Position, die ich im Auge hatte, bekam nicht ich, sondern ein Kollege. Ihm wurde die Professur mit dem Schwerpunkt Forschung angeboten, mir eine Einjahresstelle als Sprachprogrammleiterin und Dozentin mit möglicher Verlängerung. Zwar ahnte ich, dass eine temporäre Stelle an einem gewöhnungsbedürftigen Ort nichts für mich war, doch ich tat das, was ich bei wichtigen Dingen fast nie tue: Ich hörte mehr auf andere als auf mich und sagte ja, obwohl ich hätte nein sagen sollen, nein zum Koordinatorenjob.

»If you do not offer her tenure, it is a crime against the State of MA and its flagship University«, schrieb ein Student in seiner Evaluierung, »Gabrijela rocks!«, ein anderer. Mit glühenden Wangen saß ich im Klassenzimmer, wenn ich mich mit den Studenten in die Tiefen einer Novalis-Hymne begab oder wenn ich sie Borcherts *traurige Geranien* weiterschreiben oder eine Szene aus Goethes *Faust* aufführen ließ – und manchmal rockte ich tatsächlich. Als Kursleiterin war ich in meinem Element, zumal ich drei von vier Kursen so konzipiert hatte, dass intensives Lesen und strukturiertes Schreiben im Mittelpunkt standen. Keine Frage: Beim Unterrichten eigener Kurse konnte ich mich und meine Interessen voll einbringen, anders sah es bei der Koordination fremder aus. Als Programmleiterin verging mir das Rocken. Liest man sich das Zeugnis durch, das ich nach meinem Jahr vom Abteilungsleiter erhielt, ist alles im grünen Bereich: »Ms. Zaragoza conscientiously and efficiently saw to these tasks«, heißt es da zum Beispiel über meine Tätigkeiten. Das Problem war nicht, dass ich meinen Job in Amherst nicht gut machte oder dass er, wie ursprünglich befürchtet, meiner Forschung in die Quere kam, zu dem Zeitpunkt sammelte ich nur Texte für eine Edition. Das Problem war, dass mich gerade die Koordination zu viel Kraft kostete. Die Leitung der Sprachkurse und die Betreuung ihrer Kursleiter, zwölf *Graduate*-Studenten aus der Abteilung, erforderte ständige Erreichbarkeit und Einsatzbereitschaft, ständiges Denken und Handeln als Team, ständige Beratungen, Besuche, Bewertungen, ständige Vor- und Nachbereitungen von Tests. Im Nachhinein fehlte mir nicht nur das Spezialinteresse an dieser Aufgabe, ohne die meine Motivationsmaschinerie nicht richtig in Gang kam; mir fehlten auch die Rückzugsmöglichkeiten, um meine Energiespeicher wieder aufzufüllen und meinem Arbeitsrhythmus gerecht zu werden. Was für mein Privatleben gilt, gilt abgemildert auch für mein Arbeitsleben: Obwohl ich mich auf diese neun Monate eingestellt hatte, konnte es mich zur Verzweiflung treiben, wenn etwas nicht lief, wie es abgesprochen worden war. Meistens schluckte ich sie hinunter. Nur manchmal gab es Szenen, in denen klar wurde, wie schwer ich mir damit tat, mit weniger organisierten Menschen zusammenzuarbeiten. Exemplarisch zeigte sich das beim Endexamen der sechs Anfängerdeutschkurse im ersten Trimester, als sich die Kursleiter zu viel Zeit ließen, um ihren Teil beizusteuern. Die Warterei ging mir dermaßen auf den Geist, dass ich kurzerhand eine Nacht zum Tag machte und das große Examen selbst entwarf: »done!«

Die Pragmatiker der Abteilung hatten Verständnis dafür, dass ich die Koordination eher als Pflichtübung denn als Wuncherfüllung sah, nicht aber die Idealistinnen, die mich in den Interviews als hochmotiviertes Energiebündel kennengelernt hatten. Auch wenn sie verstanden, dass dramatische Judith-Figuren nicht viel mit administrativem Kleinkram zu tun haben, waren sie sichtlich enttäuscht von mir – enttäuscht, dass ich in Koordinationsfragen Aufwandsminimierung betrieb, enttäuscht, dass ich mich nicht zusätzlich in anderen Bereichen der Abteilung einbrachte, enttäuscht, dass ich kein Interesse an einer Verlängerung des Vertrages hatte. Am schlimmsten aber schien zu sein, dass ich anders war. In Kursangelegenheiten war diese Andersartigkeit ein Vorteil, in Kolleginnenkreisen ein Nachteil. Ich wurde auf meine Weise zu einem Enfant terrible. Kurz: Ich eckte an. Weil ich auf Anspielungen und Anekdoten nicht reagierte. Weil ich an Smalltalk kaum und an Networking kein Gefallen fand. Weil ich zu wenig Rücksicht auf Befindlichkeiten nahm und sagte, was ich dachte. Weil ich in Abteilungssitzungen häufig abschaltete und lieber vor mich hin starrte als in die Augen meiner Gegenüber. Weil ich die Ergebnisse meiner Arbeit nicht ins rechte Licht rücken konnte oder wollte. Weil ich zu heftigen Gähnanfällen neigte, sobald sich ein Kollege aufplusterte oder es mehr als drei Minuten um eine Nichtigkeit ging. All das brachte mir Minuspunkte ein. Hätte ich von Asperger gewusst und von Asperger erzählt, vieles wäre anders geworden, davon bin ich überzeugt. Ohne dieses Wissen aber verlief es weniger günstig. Über die Monate distanzierte sich die Fraktion der Idealistinnen mehr und mehr von mir. Lange Zeit merkte ich nicht einmal, dass sich die Stimmung gewandelt hatte. Eine Kollegin brachte es auf Anfrage auf den Punkt: Ihr sei klargeworden, dass ich nicht der richtige »fit« für die Abteilung sei. Das tat weh, erstens, weil diese Kollegin eine treibende Kraft hinter meiner Einstellung gewesen war, und zweitens, weil es keine zweite Chance gab. Die stillen Vorwürfe, die im Schweigen einiger Kolleginnen lagen, waren unerträglich und irgendwann wollte ich nur noch weg, weg aus Amherst. Vieles musste ich aufgrund der veränderten Gepäck-regelungen einer Fluggesellschaft dort lassen. Dass ich trotz der Platz-probleme im Rucksack mein Emily-Dickinson-Fingerpüppchen mit mir nahm, aus dem ich einst den Magneten herausgearbeitet hatte, um die Dame mit dem Haardutt zu einer echten *figurita* aus Stoff zu machen, sehe ich rückwirkend als ein Zeichen: nicht nur, weil die *Belle of Amherst* heutzutage als Autistin gelten würde, sondern weil sie Amherst verkörpert wie kaum eine andere und mein Jahr in diesem Städtchen auf seine Weise zum Wegweiser wurde. Ohne Amherst hätte es die Schuhgeschichte nicht gegeben – schon deshalb nicht, weil ich die Turnschuhe und die Blumenschuhe dort gekauft hatte. Ja mehr noch: Ohne Amherst hätte ich vielleicht nicht wirklich nach Mexiko zurückgefunden. Denn die Fundamente für die Forschung über Mexiko legte ich nicht in Mexiko-Stadt, sondern in einer Mikrofilmabteilung an der Universität von Massachusetts, und nur weil ich im *Pioneer Valley* durchwachsene Erfahrungen sammeln durfte und echte Alternativen nicht in Sicht waren, fasste ich den Entschluss, eigene Wege im *Valle de México* zu gehen.

Mexiko *oder* die gefundene Spur

Ich liebe es, wenn die Luft vom Duft gerösteter Maiskolben und Kaktus-scheiben erfüllt ist und in den Straßen auf winzigen Öfen süße Mais-fladen zubereitet werden, wenn ich an einem windigen Tag an einer Bushaltestelle auf *Balderas* stehe und vor der gebirgigen Kulisse *San Hipólito* sehe, eine Kirche im Kolonialstil mit roter Kuppel, zu der am Achtundzwanzigsten jeden Monats Tausende mit ihren Judas-Tadeo-Statuen strömen und um Wunder bitten, wenn ich an den Wochen-enden mit meinem Mann in unserem Lieblingsrestaurant sitze, rechts vor uns der *Zócalo,* links die Kathedrale und dazwischen ein Gewimmel aus Tänzern und Trommlern, Besuchern und Verkäufern. Ich bin glücklich in dieser Stadt, die einst auf den Ruinen Tenochtitlans und dem trockengelegten *Texcoco*-See errichtet wurde. Die Prachtstadt der Azteken hat die Deutschen in ihren Bann gezogen, seit sie über spanische Briefberichte von ihr erfuhren: In der *Newen zeittung* von 1522 wird die Stadt, die »Christen nennen gross Venedig«, erstmalig beschrieben. Dass sich auf der Titelseite der Zeitung eine teufelsähn-liche Kreatur über die Menschenopfer freut, verweist jedoch bereits auf Elemente des Zwiespältigen, die deutschen Images über Mexiko stets zu eigen waren. Wenn ich in Deutschland erzähle, dass ich in Mexiko-Stadt lebe, denken viele nicht nur an Vulkane und Kakteen, sondern fast automatisch auch an Menschenquälereien: an Raub-überfälle, an Verslumung und natürlich an eine Luft, die so dick und schwer ist, dass einem das Atmen vergeht. Und ja, es kommt vor, dass einem in dieser Stadt der Atem stockt. Das liegt aber weniger an der Kriminalitätsrate, welche auf die Einwohnerzahl umgerechnet nicht höher ist als in vielen amerikanischen Städten, oder an den Drogenkartellen, die sich vornehmlich im Norden des Landes blutige Gefechte liefern, oder an der mangelhaften Luftqualität, zumal diese sich in den letzten Jahren verbessert hat. Es liegt an dem größten Problem Mexikos, das allen anderen zu Grunde liegt und in der Hauptstadt *en todas partes* spürbar ist: an der flächendeckenden Armut. Natürlich kann man punktuell etwas gegen sie tun, kann hier und da helfen, und das tun wir auch. Die meiste Zeit aber lebt man neben ihr her und verdrängt sie. Manchmal holt sie einen dennoch ein und sticht einem mitten ins Herz: Wenn man an einer Minimarktkasse steht und von einem zerlumpten Kleinkind an der Jacke gezupft wird und es einem zulispelt:»Quiero una sopa, una sopita«, oder wenn man in Erfahrung bringt, dass die Karton- und Plastikunterkünfte ganz in der Nähe von denen bewohnt werden, die früher *abajo* der *Alameda* wohnten und von der Polizei vertrieben wurden – unter der *Alameda* heißt: in der Kanalisation. Die blanke Not, auf die man gleich um die Ecke stößt, erinnert mich ständig daran, wie anders das Mexiko ist, in dem ich mich eingerichtet habe, wie privilegiert ich lebe, und das direkt neben der *Alameda*. Vor Amherst sah ich Mexiko-Stadt nur als eine Zwischenstation bei meinen Spagatakten zwischen den Welten, nach Amherst ist es zu einem echten Zuhause geworden, selbst wenn Deutschland meine Heimat bleibt und meine Heimkehr eine Sehnsucht.

Frage ich mich, warum ich mich in Mexiko heimischer fühle als in Amerika, stoße ich sofort wieder auf den ultimativen Wohlfühlfaktor: Hier mache ich mir die Welt, wie sie mir gefällt. Die Voraussetzungen dafür schafft mein Mann, der seine Professur auch dafür einsetzt, dass ich mich dem widmen kann, was ich am liebsten tue: freischaffend tätig sein und in Lektürewelten abtauchen. Ich sage nicht, dass das immer so sein wird, und irgendwann werde ich mit Sicherheit wieder unterrichten, aber im Moment lebe ich das Leben eines Einsiedlers, das mir gut bekommt. Nicht zu unterschätzen ist dabei der Standort. Es ist nicht nur ein Abenteuer, in diesem Land zu leben, es sorgt zudem für Distanz. Wer die neueren Werbeplakate betrachtet, auf denen der goldene Engel der Unabhängigkeit – *El Ángel* – durch die Lüfte saust, weiß: Mexiko-Stadt sieht sich als eine Stadt in Bewegung. Dennoch ticken die Uhren hier anders, langsamer, was sich schon am Gehtempo auf der Straße zeigt. Von einer Arbeitsgesellschaft, in der sich der Einzelne maßgeblich über seine Erwerbstätigkeit definiert und für sie alles investiert, scheint das Gros der Bevölkerung noch weit entfernt zu sein, zumindest konnte ich von der Leistungsorientierung und Verdienstfixierung, die ich in Amherst und Umgebung erlebt habe, bisher nicht viel entdecken. Das erleichtert es, Berufswege einzuschlagen, die kreativ, nicht lukrativ sind, ohne sich rechtfertigen zu müssen. Dass ich aufgrund eines unschönen Erlebnisses die Mexikokrise kriege, kommt vor – insgesamt erlebe ich die Sprach- und Kulturunterschiede jedoch weniger als Einschränkungen denn als Freiräume: nicht nur, weil es oftmals erträglicher ist, sich in der Fremde fremd zu fühlen als in der Heimat, sondern weil sie die Nischenbildung vereinfachen. Es ist mir wichtig, dass bei uns zu Hause drei Sprachen gesprochen werden; das gibt mir das Gefühl, dass mein Mann und ich auch nach den Jahren in Kanada weiterhin in unserer eigenen Welt leben und nicht zu sehr von der seinen absorbiert werden. Das Wort »Exotenbonus« mag vor Konnotationen strotzen, und nicht immer sind es die besten, aber mir fällt kein treffenderes ein, um diese gewisse Narrenfreiheit zu erklären, die ich als Ausländerin in Mexiko nicht nur bei meiner Schwiegermutter genieße. Vielleicht lässt sich dieser Exotenbonus am Ende tatsächlich auf den verbreiteten *malinchismo* zurückführen, einer übersteigerten Hingabe an das Fremde. Und vielleicht spielt es mit eine Rolle, dass ich aus Deutschland komme und Deutschland das Land von *Volkswagen* ist. Tatsache bleibt: Ich werde mit anderen Maßstäben gemessen. Die Mexikaner wissen, dass nicht alle Deutschen eigenbrötlerisch veranlagt sind und jeden Tag in der *fonda* am gleichen Tisch sitzen wollen, aber wenn ich etwas sage oder tue, was gegen die herrschenden Kommunikations- und Verhaltensregeln verstößt, dann beziehen sie das – in der Regel – darauf, dass sich mit einer *alemancita* eben alles anders verhält, und tragen es mir nicht nach. Wahrscheinlich pflege ich dieses Image der »Anderen«, die nicht von dieser Welt ist, noch zusätzlich dadurch, dass ich ständig in einem Notizbuch herumkritzele oder Druckseiten Korrektur lese – und Schreiben, insbesondere das von Büchern, ist für viele eine spannende Angelegenheit. Die meisten Mexikaner, die ich getroffen habe, schätzen es, wenn jemand eine Passion hat, auch wenn sie diese nicht teilen. Besonderes Interesse weckt es, wenn diese Passion auf Mexiko ausgerichtet ist: Erklärt man Mexiko zum Wohnsitz und macht seine Geschichte zum Kernthema, erhält man neben dem Bonus der Exotin auch noch den der Freundin. Wenn ich die nunmehr vier Jahre nach Amherst betrachte, dann fällt mir vor allem eines auf: Ich bin in Mexiko mehr ich selbst geworden. Ob ich ohne dieses Buch so weit gekommen wäre? Es ist zu bezweifeln.

»Mexiko *oder* der abgeschnittene Dutt« wäre um ein Haar zum Unterkapiteltitel geworden, denn wäre es mir mit den Kapitelsymmetrien und Themenbögen nicht so ernst, hätte der abgeschnittene Dutt das Rennen gemacht und nicht die gefundene Spur. Mein Haardutt ist ab! Er ist ab, weil ich nach endlosen Hennaexperimenten schlagartig zu meinem (inzwischen) silbrig durchsetzten Nussbraun zurückkehren wollte. Das macht das, was ich zuvor über die Psychologie des Haardutts geschrieben habe, nicht weniger gültig, beweist aber, dass die Zauberkraft des *chongos* gebrochen werden kann, wenn ich Hals über Kopf über meinen Schatten springe wie vom Startblock in eiskaltes Wasser. Dieser Schritt mit dem Schnitt wäre früher undenkbar gewesen; ich nenne das Fortschritt, selbst wenn nun alle weiteren Schritte in Haarfragen darauf ausgerichtet sind, wieder Dutt zu tragen. Ich gebe zu, dass ich sie völlig unterschätzt habe, die therapeutischen Effekte des Schreibens. In meiner Dissertation habe ich mit großen Begriffen aus der Psychoanalyse jongliert, sowohl in Bezug auf die

Dichter als auch die Leser, mit den affektentlastenden Wirkungen dramatischer Texte oder mit der Containment-Funktion weiblicher Gendermodelle, aber erst mit diesem Buch habe ich am eigenen Geist erfahren, dass Schreiben, vor allem selbstanalytisches Schreiben, einen »schlangenhaft [s]chleichend« verändert, auch in Bereichen, die man für unveränderlich aspergisch hielt. Die Geschichte mit dem dreigeteilten Paz erscheint mir heute wie ein Drama aus fernen Zeiten, wahrscheinlich deshalb, weil ich es mittlerweile nicht mehr so weit kommen lasse und rechtzeitig Klartext rede, mit mir und mit anderen. Ich fange in Bezug auf dieses Buch an, zwischen einem Davor und einem Danach zu unterscheiden, ich bin selbstbewusster geworden, lockerer, lebendiger und, ja, ungleich wagemutiger. Ich habe gemerkt: Der geliebte Dutt ist ab, alle *chouchous* sind verstaut – und die Welt dreht sich weiter und ich mich mit ihr und es geht mir besser denn je, trotz oder gerade wegen des neuen Haarlooks mit Pfiff. Ich spüre eine wohltuende Leere, die mir sagt, dass alles geschrieben ist, was es aus meiner Sicht zu diesem Thema zu schreiben gab. Das Schreibexperiment zum Autismus geht zu Ende, das Lebensexperiment mit Autismus geht weiter, doch unter den veränderten Bedingungen des Danachs. Ich weiß, dass es Zeit wird, dieses Jahr intensiver Selbstlektüre hinter mir zu lassen und nach neuen Ufern rund um den *Texcoco* aufzubrechen. »Die Projekte finden einen, man muss sie nicht mal suchen«, sinnierte einmal eine Kollegin aus der Geschichtswissenschaft, als wir am Abend auf der Terrasse meines Lieblingsrestaurants am *Zócalo* bergeweise Tortillachips mit Guacamole aßen und den *Palacio Nacional* bewunderten, der in ein Meer aus Rot und Gelb getaucht war. Wie recht sie hatte. *La Malinche* ruft – ich kann es kaum erwarten.

Quellen[*]

Adam. Directed by Max Mayer. DVD. United States: Twentieth Century Fox, 2010.

American Psychiatric Association. <http://www.dsm5.org/ProposedRevision/Pages/proposedrevision.aspx?rid=94>.

[Arztbrief.] Verfasst von der Abteilung für Psychiatrie und Psychotherapie am Universitätsklinikum Freiburg 26. August 2009.

Asperger, Hans. *Heilpädagogik. Einführung in die Psychopathologie des Kindes für Ärzte, Lehrer, Psychologen, Richter und Fürsorgerinnen.* 2. Auflage. Wien: Springer, 1956. 174–175.

Asperger, Hans. »Zur Differentialdiagnose des kindlichen Autismus«. *Acta Paedopsychiatrica* 35.4 (1968): 136–145. <http://www.neurodiversity.com/library_asperger_1968.html>.

Aspergia. <http://www.aspergia.net/>.

Aspies e. V. <http://www.aspies.de/>.

Attwood, Tony. »Foreword«. Gisela and Christopher Slater-Walker. *An Asperger Marriage.* London, Philadelphia: Kingsley, 2002. 9–11.

Attwood, Tony. *Ein ganzes Leben mit dem Asperger-Syndrom. Alle Fragen – alle Antworten. Von Kindheit bis Erwachsensein: Was Menschen mit Asperger-Syndrom weiterhilft.* Aus dem Englischen übersetzt von Rainer Döhle. Stuttgart: TRIAS, 2008. 60.

Autism Research Centre. <http://www.autismresearchcentre.com/>.

Autismus-Kultur. <http://autismus-kultur.de/>.

Autismus Nordbaden-Pfalz e. V. Regionalverband zur Förderung von Menschen mit Autismus. <http://www.autismus-nordbaden-pfalz.de/jugend.htm>.

A Beautiful Mind. Directed by Ron Howard. DVD. United States: Universal Studios, 2006.

Beigbeder, Frédéric. *Ein französischer Roman.* Roman. Aus dem Französischen von Brigitte Große. München: Piper, 2010. 209.

Ben X. Directed by Nic Balthazar. DVD. United States: Film Movement, 2009.

---

[*] Aus Datenschutzgründen werden die erwähnten E-Mails und Gespräche nicht unter den Quellen aufgeführt.

Berlit, Peter. *Klinische Neurologie*. 3. Auflage. Berlin, Heidelberg: Springer, 2011. 633–634.

Betsch, Tilmann. »Wie beeinflussen Routinen das Entscheidungsverhalten?« *Psychologische Rundschau* 56.4 (2005): 261–270.

Brüder Grimm. *Kinder- und Hausmärchen*. Band 1: Märchen Nr. 1–86. Ausgabe letzter Hand. Universal-Bibliothek 3191. Stuttgart: Reclam, 1980. 137–144.

Dear John. Directed by Lasse Hallström. DVD. United States: Sony Pictures Home Entertainment, 2010.

Digitales Wörterbuch der deutschen Sprache. <http://www.dwds.de/imprint/>.

Dose, Matthias. »Autistische Störungen bei Erwachsenen – Diagnostik und Therapie. Vorschnelle Selbstdiagnose Asperger-Syndrom«. *NeuroTransmitter* 7–8 (2009): 32–36. <http://www.root.webdestination.de/kunden/01extern/bdn_redaktion_ssl_neu/upload/32_36_7.pdf>.

Duden online. <http://www.duden.de/>.

Etter, Daniel. »Medizin: Das Ende von Asperger«. *Der Tagesspiegel* 7. Januar 2010. <http://www.tagesspiegel.de/wissen/das-ende-von-asperger/1659370.html>.

Frances, Allen. »Krankheiten: Wie Autismus zur Modediagnose geworden ist«. *Welt Online* 24. Juli 2011. <http://www.welt.de/debatte/die-welt-in-worten/article13504624/Wie-Autismus-zur-Modediagnose-geworden-ist.html>.

Freud, Sigmund. *Vorlesungen zur Einführung in die Psychoanalyse*. Biographisches Nachwort von Peter Gay. 2. Auflage. Frankfurt/Main: Fischer, 2010. 273.

»Gesundheit: Viele leiden unwissend am Asperger-Syndrom«. *DerWesten* 30. Juli 2010. <http://www.derwesten.de/leben/gesundheit/Viele-leiden-unwissend-am-Asperger-Syndrom-id3329168.html>.

Goethe, Johann Wolfgang von. *Egmont. Ein Trauerspiel in fünf Aufzügen*. Hrsg. von Joseph Kiermeier-Debre. München: Deutscher Taschenbuch Verlag, 2006. 82.

Grimm, Jacob und Wilhelm. *Deutsches Wörterbuch*. <http://germazope.uni-trier.de/Projects/WBB/woerterbuecher/dwb/wbgui?lemid=GA00001>.

Heine, Heinrich. *Sämtliche Schriften*. Band 6.1. Hrsg. von Klaus Briegleb. München: Hanser, 1975. 60.

Hej, Pippi Langstrumpf! Das große Astrid Lindgren Liederbuch. Illustriert von Jutta Bauer u. a. Hamburg: Oetinger, 2007. 6.

Herz, Mona. »Interview mit einer Ärztin und Asperger-Patientin. ›Ich war einsam und wusste nicht warum‹«. Ein Interview mit Christine Preißmann. *Via medici* 11. September 2008. <http://www.thieme.de/viamedici/medizin/krankheiten/autismus.html>.

Hucklenbroich, Christina. »Autismus: Die Realität nach ›Rain Man‹«. *FAZ.NET* 21. März 2011.   <http://www.faz.net/artikel/C30565/autismus-die-realitaet-nach-rain-man-30331112.html>.

Knigge, Adolph Freiherr. *Über den Umgang mit Menschen*. Hrsg. von Karl-Heinz Göttert. Ergänzte Ausgabe. Universal-Bibliothek 1138. Stuttgart: Reclam, 2007. 13–15, 444.

Kruppa, Hans. *Weil es dich gibt. Liebesgedichte*. München: Goldmann, 2002. 12.

Lally, Phillippa et al. »How are habits formed: Modelling habit formation in the real world«. *European Journal of Social Psychology* 40.6 (2010): 998–1009.

Luhmann, Niklas. *Aufsätze und Reden*. Hrsg. von Oliver Jahraus. Universal-Bibliothek 18149. Stuttgart: Reclam, 2001. 100–103.

Maier, Corinne. *No Kid. 40 Gründe, keine Kinder zu haben*. Deutsch von Kerstin Krolak. 2. Auflage. Reinbek: Rowohlt, 2009. 54–56.

Mary and Max. Directed by Adam Elliot. DVD. United States: MPI Home Video, 2010.

Mecky Zaragoza, Gabrijela. *»Da befiel sie Furcht und Angst ...« Judith im Drama des 19. Jahrhunderts*. München: iudicium, 2005. 7–8, 19.

Mecky Zaragoza, Gabrijela (Hrsg.). *Konquista spielen. Erzählungen und Dramen über Mexiko*. München: iudicium, 2010. 33–76.

Merriam-Webster Online Dictionary. <http://www.merriam-webster.com/>.

»Migration: Ein Fünftel der Bevölkerung hat ausländische Wurzeln«. *ZEIT Online* 26. September 2011. <http://www.zeit.de/gesellschaft/2011-09/statistik-migration-deutschland>.

Mozart and the Whale. Directed by Petter Næss. DVD. United States: Sony Pictures Home Entertainment, 2006.

Newe zeittung. von dem lande. das die Sponier funden haben ym 1521.iare genant Jucatan. Augsburg, 1522. Ergänzte Seitenangaben [fol. iʳ-iiijᵛ].

Pallaske, Jana. »Ich habe einen Traum: ›Ich träume davon, dass wir uns alle in die Augen schauen‹«. Aufgezeichnet von Ralph Geisenhanslüke. *ZEIT Online* 2. Dezember 2009. <http://www.zeit.de/2009/50/Traum-Pallaske>.

Paz, Octavio. *El laberinto de la soledad. Postdata. Vuelta a El laberinto de la soledad*. México: Fondo de Cultura Económica, 1999.

Pfeifer, Wolfgang (Hrsg.). *Etymologisches Wörterbuch des Deutschen*. 8. Auflage. München: Deutscher Taschenbuch Verlag, 2005.

Rain Man. Directed by Barry Levinson. DVD. United States: MGM Home Entertainment, 2000.

Rilke, Rainer Maria. *Briefe an einen jungen Dichter. Briefe an eine junge Frau*. Mit einem Vorwort von Joachim W. Storck und einer Erinnerung von Romain Rolland. Zürich: Diogenes, 2006. 14–15.

Rohde, Katja. *Ich Igelkind. Botschaften aus einer autistischen Welt*. 5. Auflage. München: Nymphenburger, 2008.

Rosenfelder, Andreas. »›Social Network‹: ›Facebook ist nicht das wahre soziale Leben‹«. Ein Gespräch mit Aaron Sorkin. *Welt Online* 7. Oktober 2010. <http://www.welt.de/kultur/kino/article10115326/Facebook-ist-nicht-das-wahre-soziale-Leben.html>.

Saint-Exupéry, Antoine de. *Der kleine Prinz*. Neuausgabe mit allen Zeichnungen. Übersetzt von Grete und Josef Leitgeb. 48. Auflage. Düsseldorf: Rauch, 1994. 65–72.

Salutaris. Selbsthilfeforum zu psychosozialen Problematiken. <http://www.sghl.de/forum/index.php?page=Thread&threadID=590>.

Sartre, Jean-Paul. *Geschlossene Gesellschaft. Stück in einem Akt*. Neuübersetzung von Traugott König. 48. Auflage. Reinbek: Rowohlt, 2010. 59.

Schapp, Wilhelm. *In Geschichten verstrickt. Zum Sein von Mensch und Ding.* 4. Auflage. Frankfurt/Main: Klostermann, 2004.

Schuster, Nicole. *Ein guter Tag ist ein Tag mit Wirsing. Das Asperger-Syndrom aus der Sicht einer Betroffenen.* Autismus 17. Berlin: Weidler, 2007.

[Shakespeare, William.] *The Works of William Shak[e]speare.* Vol. 2. Revised by Isaac Reed. Boston: Munroe, Francis & Parker, 1810. 27.

Snow Cake. Directed by Marc Evans. DVD. United States: IFC, 2007.

Sozialgesetzbuch. <http://www.sozialgesetzbuch.de/gesetze/index.php>.

Stuckenberger, Kornelia. *Sprachfallen Spanisch.* Ismaning: Hueber, 1998.

Tebartz van Elst, Ludger u. a. »Aspergersyndrom bei Erwachsenen. Typisch Atypisch«. *Der Neurologe & Psychiater* 3 (2009): 47–53.

Tekinay, Alev. *Die Deutschprüfung: Erzählungen.* Frankfurt/Main: Brandes & Apsel, 1989. 7.

[Tieck, Ludwig.] *Schriften. Dritter Band: Fortunat.* Berlin: Reimer, 1828. 256.

Thiemer-Sachse, Ursula. »Konquista spielen [Rezension]«. *AmerIndian Research. Zeitschrift für indianische Kulturen von Alaska bis Feuerland* 4–5 (2010): 257–258.

Verfassung der Union der Sozialistischen Sowjetrepubliken (Stalin-Verfassung) vom 5. Dezember 1936. <http://www.verfassungen.net/su/udssr36-index.htm>.

Wagner, Beatrice. »Psychologie: Die unheimliche Macht der Rituale«. *Welt Online* 14. Juni 2011. <http://www.welt.de/gesundheit/psychologie/article13428523/Die-unheimliche-Macht-der-Rituale.html>.

Wikipedia. The Free Encyclopedia. <http://en.wikipedia.org/wiki/Main_Page>.

Zauber-Bibliothek oder von Zauberei, Theurgie und Mantik, Zauberern, Hexen, und Hexenprocessen, Dämonen, Gespenstern, und Geistererscheinungen. Verfasst von Georg Conrad Horst. Teil 6. Mainz: Kupferberg, 1826. 366.

Wenn Sie weiterlesen möchten ...

Regine Alegiani

Die späte Suche nach Grund

Eine analytische Psychotherapie im höheren Alter

Mit einem Vorwort von Gerd Lehmkuhl

Eine analytische Therapie im Alter stellt immer noch die Ausnahme dar. Dieser Bericht aus Patientensicht widerlegt, dass der alte Mensch in seinem Wesen unverrückbar festgelegt sei.

Mit 69 Jahren entschließt sich Regine Alegiani zu einer analytischen Psychotherapie und trifft auf einen Analytiker, der sich trotz ihres Alters darauf einlässt. Vor dem Hintergrund der Diagnose einer Borderline-Persönlichkeitsstörung werden aus der Sicht der Patientin wesentliche Phasen der Arbeit an dieser frühen seelischen Störung wiedergegeben, die ihr Leben bis ins Alter hinein beschattete. Der Bericht schildert die Kommunikationslinien und das Beziehungsgeschehen zwischen Analytiker und Patientin.

Regine Alegiani besticht durch ein hohes Reflexionsniveau und ihre Gabe zu schreiben.

Wenn Sie weiterlesen möchten ...

Regine Alegiani
Bewohntes Land
Psychotherapie als Öffnung zur Welt
Mit einer Einführung von Kurt Hemmer

Dieser Bericht gibt Einblick in die Endphase einer mit 70 Jahren begonnenen analytischen Psychotherapie.

Ausgehend von der frühen Kindheit macht sich die Autorin mit verdrängten seelischen Inhalten vertraut und lernt mit unintegrierten Impulsen umzugehen. Bei der Bewältigung von Konflikten orientiert sie sich an dem vielschichtigen Geschehen in der analytischen Beziehung. Je mehr auf den Analytiker gerichtete Projektionen zurückgenommen werden können, umso deutlicher wird seine reale Gestalt sichtbar als die eines unabhängigen, von ihr selbst getrennten Anderen. Diese Wahrnehmung erlaubt es auch der Autorin, sich als eigenständig zu erfahren. Dies öffnet ihr neue Zugänge zur Welt. Dank der stärkenden Kraft der analytischen Beziehung baut sich eine seelische Mitte auf, die das Dasein zu tragen beginnt.
Regine Alegiani gelingt der Übergang aus einer entfremdeten inneren Welt in das reale Leben.

Dr. Kurt Hemmer hat als behandelnder Psychoanalytiker die Einführung geschrieben. Dieses Buch schließt sich an ihren Therapiebericht »Die späte Suche nach Grund« an.

Die Frage nach dem Glück

V&R

Timo Hoyer (Hg.)
Vom Glück und glücklichen Leben
Sozial- und geisteswissen-
schaftliche Zugänge
2007. 275 Seiten mit 2 Abb.
und 2 Tab., kart.
ISBN 978-3-525-45180-9

Das Glück ist in aller Munde.
Das Bedürfnis nach dem Glück
und der Wunsch nach einem
glücklichen Leben sind offen-
kundig groß, wie etwa die stark
nachgefragte Ratgeber-Literatur
mit ihren Versprechen von
Glücksformeln verrät.

Meist machen es sich diese
Bücher jedoch zu einfach:
Was Glück bedeutet, wie oder
ob überhaupt das Streben danach zu befriedigen ist, wird
seit Jahrhunderten kontrovers
diskutiert. Zur fundierten Auseinandersetzung mit Glücksvor-
stellungen, Glückserwartungen
und Glücksversprechungen
tragen in diesem Werk verschiedene sozial- und geistes-
wissenschaftliche Disziplinen
bei.

Adam Phillips
Wunschlos glücklich?
Über seelische Gesundheit
und den alltäglichen Wahnsinn
Aus dem Englischen von
Florian Langegger.
2008. 176 Seiten, kart.
ISBN 978-3-525-40407-2

Ob man als Baby von neuen Erfahrungen überflutet wird, als
Pubertierender vielen neuen
Verwirrungen ausgesetzt oder
durch seine eigenen sexuellen
Phantasien als Erwachsener
irritiert ist – die Verrücktheit
scheint überall zu lauern und
gleichzeitig ein völlig »norma-
ler« menschlicher Zustand zu
sein. In unserer Leistungs-
gesellschaft nehmen psychische
Krankheiten zu, wo doch das
»Normalsein« gefordert ist.
Der Begriff Gesundheit jedoch
verwirrt. Was ist (seelische)
Gesundheit, was macht sie aus?

Adam Phillips sucht und findet
Antworten auf diese Fragen,
die überraschen und zum
Nachdenken anregen.

Vandenhoeck & Ruprecht

Auf der Suche nach Sinn

V&R

Rudolf Stroß

Die Kunst der Selbstveränderung

Kleine Schritte – große Wirkung

2. Auflage 2009. 299 Seiten mit 21 Abb., kart., ISBN 978-3-525-40410-2

Mit dem Rauchen aufhören, endlich mehr Sport treiben, den Job wechseln oder sich aus einer Beziehung befreien – in jedem steckt das Potential zur Selbstveränderung.

Silke Heimes

Schreib es dir von der Seele

Kreatives Schreiben leicht gemacht

2. Auflage 2011. 168 Seiten, kart. ISBN 978-3-525-40430-0

Anhand vielfältiger praktischer Übungen, die Schreibspaß vermitteln, zeigt Silke Heimes, wie es gelingen kann, Schreiben als natürliche, kreative Kraft und Inspirationsquelle zu nutzen.

Markus Hänsel / Anna Matzenauer (Hg.)

Ich arbeite, also bin ich?

Sinnsuche und Sinnkrise im beruflichen Alltag

Mit einem Geleitwort von Rolf Verres. 2009. 174 Seiten mit 7 Abb., kart. ISBN 978-3-525-40416-4

Die Sehnsucht nach Sinnhaftigkeit der eigenen Arbeit wächst in Zeiten fortschreitender Ökonomisierung unseres Lebens. Viele Menschen möchten, dass ihre Arbeit eine Bedeutung für die Gemeinschaft hat. Doch häufig sind die Arbeitskontexte hierfür nicht gerade förderlich. Aus den Bereichen Wirtschaft, Pädagogik, Politik, Religion, Medizin und Beratung geben Autoren ihre individuellen Antworten auf zentrale Fragen wie:
– Wie ist Sinnhaftigkeit im beruflichen Alltag zu erreichen?
– Braucht erfolgreiches Arbeiten eine ethische Grundhaltung?
– Wie beeinflussen spirituelle Ansätze und berufliche Praxis einander?

Vandenhoeck & Ruprecht